Monika Cremer

Essig
Pickles & Chutneys

Weltbild

Monika Cremer

Essig
Pickles & Chutneys

Weltbild

Inhalt

Ausflug in die Essiggeschichte

Es begann vor mehr als 4000 Jahren

Essig in der Antike

Die Geschichte des Essigs ist eng mit der von Wein und Bier verknüpft, denn diese werden bei einer längeren Lagerung sauer, also zu Essig. Traubenwein und Bier wurden bereits in den Hochkulturen des alten Ägyptens und in Mesopotamien produziert. Man kann somit davon ausgehen, dass bereits über 4000 Jahre vor unserer Zeitrechnung der Essig bekannt war. So wurde er bei den Hochkulturen zwischen Euphrat und Tigris als Heilmittel eingesetzt, die Assyrer behandelten beispielsweise Ohrenschmerzen mit Essigumschlägen. Auch im alten Testament finden sich Hinweise auf den Gebrauch von Essig im Haushalt.

Essigvielfalt

Wie auch die Griechen unterschieden die Römer verschiedene Essige nach ihrer Herkunft, und sie verwendeten neben dem Essig aus Trauben und Gerste auch Feigenessig, Apfelessig, Birnenessig und zum Beispiel solchen aus Vogelbeeren. In der römischen Küche war der Essig überaus beliebt und eine der wichtigsten Würzzutaten überhaupt. Aber auch seine konservierenden Eigenschaften machte man sich zu Nutze und legte Früchte, Gemüse – hier natürlich besonders die Oliven – und andere Zutaten in Essig ein. Dafür gibt das römische Kochbuch des Apicius aus dem 4. Jahrhundert nach Christus zahlreiche Beispiele. Hier eines davon: „Wie sich gebratene Fische lange halten: Zur selben Zeit, wenn sie gebraten und aus dem Topf genommer werden, werden sie mit heißem Essig übergossen."

Gewürz und Durstlöscher

Feinschmecker des alten Griechenlands kannten bereits mehrere Essige verschiedener Provenienz: solchen aus Attika, aus Kleinasien oder beispielsweise aus Ägypten. Essig war damals nicht nur ein wichtiges Würzmittel der griechischen Küche, sondern gemischt mit Wasser ein weit verbreiteter und beliebter Durstlöscher.

Posca – das Getränk der römischen Legionen

Essig als Getränk war auch im alten Rom üblich und bei den Legionären gebräuchlich. Man nannte es „Posca", und es handelte sich um einen sauer gewordenen Wein, also Essig, der mit Kräutern versetzt war. Der äußerst erfrischende Zusatz zum Trinkwasser löschte gut den Durst und – das ist nicht unerheblich – desinfizierte auch noch. Diese gute Eigenschaft des Essigs schützte die römischen Legionen auf ihren Kriegszügen vor mancher Krankheit und verhinderte den Ausbruch von Seuchen.

Der Sage nach soll Hannibal bei der Überquerung der Alpen sogar Felsen mit Essig gesprengt haben. Auch die Bibel belegt die Existenz des Essiggetränks bei den römischen Truppen. Christus wurde am Kreuz ein Schwamm, der in Essigwasser getaucht wurde, gereicht, damit er seinen Durst stillen konnte.

KLEOPATRAS PERLENTRANK

Eine kleine Anekdote über die Verwendung von Essig am Rande: Die schöne und kluge ägyptische Königin Kleopatra schloss eines Tages eine Wette ab: Sie könne mit einem einzigen Schluck den Wert von einer Million Sesterzen zu sich nehmen. Und sie gewann die Wette, indem sie eine Perle in Essig auflöste und diese Mischung trank.

Kleopatra und ihre Perlenwette.

Erste Rezepte

Die ersten schriftlichen Anleitungen zur Essigherstellung wie Essig herzustellen, stammen aus dem 1. Jahrhundert n. Chr. von dem Römer Lucius Junius Moderatus Columella. Nach seinen Anleitungen brauchte man dazu Wein, in den man Sauerteig, getrocknete Feigen und zerstoßenes Salz, alles zuvor mit Honig verrührt, gab. Aber auch ***gedarrte*** Gerste, geröstete Nüsse und Minze sind von ihm empfohlene Zutaten für die Essigherstellung.

Darren
Fachsprachliche Bezeichnung für dörren, trocknen oder rösten.

Jahrhunderte voller Experimente

Etwa 1800 Jahre sollte es noch dauern, bis das Geheimnis der Essigbildung gelüftet wurde und man mit den Erkenntnissen der modernen Wissenschaft die Essigproduktion gezielt beeinflussen konnte.

Geheimnisvolle Hilfsmittel und Zutaten

Da Essig ein beliebtes Gewürz und Konservierungsmittel war und in entsprechend großen Mengen gebraucht wurde, versuchten viele Chemiker, Apotheker, Ärzte und nicht zuletzt natürlich auch Essigsieder, hinter das Geheimnis zu kommen und eine begründete und sichere Anleitung für die Essigproduktion zu liefern. Auf der Suche nach dem Motor, der den Essig entstehen lässt, blieb man lange Zeit, wie bereits Columella, beim Sauerteig beziehungsweise der Hefe. Aber auch Kräuter und Gewürze spielten eine Rolle, wie zum Beispiel Pfeffer, Zimt, Muskat, Nelken, Ingwer oder Wurzeln, Früchte und Gemüse. Verschiedene Teile des Weinstocks wie Reben, Stiele oder die Kerne von getrockneten Trauben sind bei manchen Autoren wichtige Zutaten. Andere empfahlen Weinhefe, Weinstein, Essig, ja sogar tierische Produkte wie die pulverisierte Galle von Hasen und vieles andere mehr, um die Fermentation, von der man damals aber noch nichts wusste, in Gang zu setzen. Nach einem Rezept aus dem 17. Jahrhundert werden Roggenmehl, Salz und verschiedene Gewürze wie Pfeffer, Ingwer, Muskat und Vanille gemischt und zusammen mit Essig verknetet, gebacken, nach dem Abkühlen in Stücke gebrochen und zusammen mit heißem Essig in die Fässer gegeben, in denen der Essig hergestellt werden sollte.

Anleitungen zur Essigproduktion beruhten eine lange Zeit mehr oder weniger auf Erfahrungen, Beobachtungen und praktischen Versuchen. Über einige können wir mit unserem heutigen Kenntnisstand nur staunen, über andere sogar schmunzeln.

Gegensätzliche Methoden

Teilweise waren die beschriebenen Methoden regelrecht gegensätzlich, und was dem einen wichtig war, schloss der andere aus. So erscheint die folgende Anweisung aus dem 16. Jahrhundert aus heutiger Sicht unsinnig. Joh. Joachim Becher (1635 bis 1682) berichtet, dass er einen sehr scharfen Essig erhalte, wenn er Wein in eine hermetisch versiegelte Flasche gebe. Ein Kommentar aus dem Jahre 1804: „Wenn er wirklich seinen Zweck erreichte, so konnte dieses nur deswegen geschehen, weil die Menge des Weins sehr klein und das Gefäß, welches er zur Digestion brauchte, sehr groß war. Dann konnte die Menge der darin eingeschlossenen Luft hinlänglichen Sauerstoff für die Säurung des Weins darreichen …“.

Der Luft – auch Lebensluft und später Sauerstoff benannt – maßen die Gelehrten in der 2. Hälfte des 18. Jahrhunderts bei der Entstehung der Essigsäure die größte Bedeutung bei.

Von Blumen, Lebensluft und Sauerstoff

Im Fortlauf der Jahrhunderte wurde der Luft beziehungsweise dem Sauerstoff immer mehr Bedeutung beigemessen. Der holländische Arzt Hermann Boerhaave beispielsweise (1668 bis 1738) beobachtete, dass Licht, Luft und Wärme für die Essiggärung notwendig sei, und dass die „Blume" stets eine Begleiterscheinung der Essiggärung sei. Mit „Blume" beschrieb er die Essigmutter, die aber nicht als Lebewesen, sondern als eine physikalische Veränderung der Materie gedeutet wurde. Der französische Chemiker de Lavoisier veröffentlichte in der zweiten Hälfte des 18. Jahrhunderts, dass Luft der Erreger der Essiggärung sei. Der Autor von „Der wohl unterrichtete Essigbrauer…" aus dem Jahr 1894 stellte sich diesen Vorgang folgendermaßen vor: „Der Sauerstoff, der sich im Ueberflusse mit dem Wasser- und dem Kohlenstoff vereinigt, erzeugt die Essigsäure oder den Essig, während ein Theil desselben Sauerstoffes sich mit einer Portion des Extractivstoffes des Weines und dem überflüssigen Kohlenstoffe verbindet und die Hefen bildet, welche sich … zu Boden setzt." Dass es letztlich der Alkohol ist, der durch den Sauerstoff in Essigsäure umgewandelt wird, sollte noch einige Jahre verborgen bleiben.

Das Geheimnis wird gelüftet

Auch der Chemiker Justus von Liebig (1803 bis 1873) und der Chemiker und Mikrobiologe Louis Pasteur (1822 bis 1895) beschäftigten sich mit dem Essig. So stellte Liebig fest, dass nur beim Vorhandensein von nährstoffreichen Substanzen der Alkohol in der Lage war, den Sauerstoff aufzunehmen. Die treibende Kraft der Essigsäuregärung sah er jedoch nicht in lebender Materie. Er untersuchte zwar die Holzspäne eines Essigbildners (siehe Seite 14) mikroskopisch, fand jedoch nichts. Heute glaubt man, dass dies vor allem auf die schlechten Untersuchungsbedingungen zurückzuführen ist. Deshalb ging Liebig davon aus, dass die eiweißhaltigen Substanzen in der Gärflüssigkeit gleichsam als Katalysator wirken.

Pasteur entdeckt die Essigbakterien

Pasteur entnahm seine Proben einem Orléans-Essigfass und erkannte in diesen lebende Organismen. Dabei handelte es sich aber nicht um Hefen, sondern um Bakterien. Er nannte sie Bacterium aceti oder Mycoderma aceti. Pasteur bewies, dass die

Der Chemiker Justus von Liebig ging davon aus, dass erst nährstoffreiche Substanzen den Alkohol in die Lage versetzen, Sauerstoff aufzunehmen.

Hefen „nur“ die Zuckerlösungen, wie Säfte, alkoholisch vergären und somit den Wein oder eine weingeisthaltige Flüssigkeit erzeugen. Die Essigbakterien wiederum setzen dann mit Hilfe von Sauerstoff den Alkohol in Essigsäure um. Seine Erkenntnisse gab Louis Pasteur in Vorlesungen vor Weinbauern und Essigbrauern in Dijon weiter.

Essigsäure im Stoffwechsel

Mittlerweile ist nicht nur die chemische Reaktion, wie aus Alkohol mit Hilfe von Sauerstoff Essig wird, bekannt, sondern auch, wie dies im Einzelnen in der Bakterienzelle vor sich geht. Untersuchungen des Stoffwechsels des Essigsäurebakteriums liegen vor, die unter anderem aufzeigen, welche Nährstoffe sie im Einzelnen brauchen, wie sie verwertet werden, welche ***Enzym***systeme daran beteiligt sind oder welche Faktoren den Stoffwechsel der Bakterienzellen beeinflussen. Ohne diese Kenntnisse wäre die zielgerichtete Steuerung der Essigproduktion nicht möglich.

Enzyme
sind Substanzen, die bestimmte Reaktionen ähnlich wie ein Katalysator ermöglichen und beschleunigen.

Auch im menschlichen Stoffwechsel nimmt die Essigsäure eine zentrale Stellung ein, da sie ein wichtiges Endprodukt beim Abbau von Kohlenhydraten, Fetten und Eiweißen ist. Über die so genannte aktivierte Essigsäure münden die Nährstoffe in den Krebs- oder Zitronensäurezyklus, werden hier umgebaut und stehen mit der Energiegewinnung in direkter Verbindung. Der Zyklus wurde von Prof. H. A. Krebs erforscht, und für diese Forschungsarbeiten erhielt er 1953 den Nobelpreis. Die aktivierte Essigsäure konnte Prof. F. Lynen 1951 aus Hefezellen isolieren.

CH_3COOH – EIN STOFF AUS DEM DAS LEBEN IST?

In jüngster Zeit wiesen Astronomen der Universität von Illinois Essigsäure sogar in einer Sternenwolke 25.000 Lichtjahre von der Erde entfernt nach. Sie spekulieren, dass Essigsäure eine wichtige Ausgangssubstanz auf dem Weg zur Entstehung von Leben gewesen ist.

Produktionsmethoden im Wandel der Zeit

Im französischen Orléans begann bereits im Mittelalter die „industrielle“ Produktion von Essig.

Essigmütter an der Loire

Fast unbeeinflusst von all den verschiedenen Theorien und den zunehmenden Erkenntnissen über die Bildung des Essigs hatte sich im Mittelalter in Orléans an der Loire eine „Essigindustrie“ entwickelt, die nach der so genannten Orléans-Methode arbeitete. So zählte man 1580 bereits 33 Essigsieder in der Stadt, die mit den fruchtigen, leichten und säuerlichen Weinen der Region einen vorzüglichen und weit über die Grenzen Frankreichs hinaus bekannten Essig produzierten.

Fässer, die man Mütter nannte

Die Essigfabrikanten von Orléans ließen den Wein in Fässern vergären, die sie Essigmutter nannten. Diese Fässer wurden gewöhnlich in drei Reihen übereinander gesetzt und hatten jeweils in der Vorder- und in der Hinterwand eine Öffnung, die dazu dienten, Luft an den Wein zu bringen. Der Essigfabrikant gießt also „in jede Mutter hundert Pinten oder 112 Liter guten siedenden Essig und läßt ihn während acht Tagen darauf. Nach Verlauf dieser Zeit setzt er auf jede Mutter ein Maß Wein von zehn Pinten oder ungefähr elf Liter zu. Er fährt fort von acht zu acht Tagen dieselbe Menge hinzuzugießen, bis daß die Gefäße voll sind, alsdann läßt er noch einen Zeitraum von 14 Tagen verstreichen, bevor er den Essig zum Verkauf ausstellt, und hat darauf acht, daß die Mutter nie leer wird." (Der wohlunterrichtete Essigbrauer, 1804).

Im Rhythmus von acht Tagen

Man zog die Hälfte des Fassinhalts ab und gab nun alle acht Tage zehn Liter Wein dazu, entnahm gleichzeitig die entsprechende Menge und füllte sie ab. Man ging davon aus, dass nach etwa acht Tagen die zugegossene Menge Wein zu Essig geworden war. Diese Methode ermöglichte den Essigbakterien, von denen man aber noch nichts wusste, den größtmöglichen Kontakt zur Luft. Ob die Essigmutter, also das Fass, arbeitete, prüften die Essigfabrikanten, indem sie einen Stab in den Essig steckten und sofort wieder herauszogen. Sahen sie Schaum beziehungsweise eine Haut, waren sie sicher, dass die Mutter, sprich das Fass, arbeitete.

Beste Essige, aber große Verluste

Mit der Orléons-Methode erhielt man einen sehr hochwertigen und geschmackvollen Essig. Durch die große Oberfläche verdunstete ein Teil des Weins beziehungsweise des Essigs, die Extraktbestandteile wurden eingedickt, der Essiggeschmack wurde runder und milder. Jedoch reduzierte sich dadurch auch die Ausbeute, was ebenso wie die lange Produktionszeit aus wirtschaftlicher Sicht von Nachteil war. Zur Steigerung der Effektivität schlug Pasteur deshalb vor, anstelle der Fässer 20 Zentimeter tiefe und ein Quadratmeter große Deckelkufen, das sind flache runde Holzbottiche, zu verwenden, die in Reihen übereinander geordnet den Raum einer Essigstube besser ausnutzten.

Überaus wichtig für eine erfolgreiche Herstellung von Essig per Orléans-Methode war die Temperatur in den Werkstätten. Während es im Sommer warm genug war, musste im Winter geheizt werden.

Kufen statt Fässer

Das beschleunigte Orléans-Verfahren von Richard Alfried Hengstenberg (1848 bis 1904) versuchte, den Prozess wirtschaftlicher zu gestalten. Hengstenberg entwickelte spezielle Essigkufen, das waren sehr flache Bottiche, flacher als bisher üblich. Er ordnete sie kaskadenförmig an und ließ die Weinmaische langsam durch Rohre von Kufe zu Kufe fließen. Nach der letzten Stufe konnte der fertige Essig entnommen werden. Bedingt durch die flachen Kufen wurde das Verhältnis von Volumen zu Oberfläche vergrößert, durch das Fließen die Flüssigkeit unter der Bakterienhaut bewegt. Ein weiterer Vorteil war, dass die Bakterienhaut selbst nicht bewegt werden musste und somit die Gefahr reduziert wurde, dass sie absank und damit die Bakterien abstarben.

Für das Boerhaave-Verfahren benötigte man zwei Gärungsbottiche, die etwa einen Fuß breit über dem Boden einen Lattenrost hatten. Auf diese Roste kamen zunächst Weinreben, dann wurden die Bottiche mit Traubenkämmen bis zum Rand gefüllt. Man goss ein Fass mit der zu vergärenden Flüssigkeit voll, das andere füllte man zur Hälfte. Nachdem die Gärung in dem halb vollen Fass eingesetzt hatte, füllte man es mit Flüssigkeit aus dem vollen Fass auf. Dabei rieselte sie über die Kämme und Weinreben und wurde mit der in Gärung befindlichen Flüssigkeit vermischt. Der Vorgang wurde täglich wiederholt, bis der Essig fertig war.

Traubenkämme und Weinreben

Seit bekannt war, dass Sauerstoff bei der Essigproduktion benötigt wurde, machte man sich Gedanken, wie die Oberfläche des Weines vergrößert werden könnte, um die Produktionszeit zu verkürzen. Bereits der Holländer Boerhaave (1668 bis 1738) hatte eine Methode für die schnelle Essigzubereitung beschrieben, bei der man die zu vergärende Flüssigkeit über Reben (Äste des Weinstocks) und Traubenkämme (Weintraubenstiele) fließen ließ und so den Kontakt der Flüssigkeit zum Sauerstoff und somit die Atmungsoberfläche vergrößerte.

TRADITIONELL – UND DOCH MODERN

Die Orléans-Methode bezeichnet man übrigens auch als Oberflächenverfahren, da die Essigbakterien auf der Oberfläche der Maische, das ist die zu versäuernde Flüssigkeit, schwimmen und eine Haut bilden. Dieses alte traditionelle Verfahren wird heute noch, oder besser gesagt wieder, zur Produktion von feinen Essigen bester Qualität in Kleinbetrieben angewendet. Auch für die Essigproduktion im Haushalt ist dieses Verfahren das einzig durchführbare.

Späne fesseln Bakterien

Ein Span aus Buchenholz, den Sebastian Schüzenbach (1793 bis 1869) zur Essigproduktion einsetzte und den er als Essigspan bezeichnete, hatte im Prinzip den gleichen Zweck: Er vergrößerte die Oberfläche der Flüssigkeit. Dieser Essigspan wurde im Laufe der Zeit immer weiter verbessert, indem man ihm mehr Festigkeit und eine größere Oberfläche gab. Beim Schüzenbach-Verfahren, oder Système allemande, wurden, wie beim Boerhaave-Verfahren auch, längliche Fässer mit einem Lattenrost im unteren Teil versehen. Darauf kamen dann die Essigspäne, die von oben gleichmäßig berieselt wurden. Eine exakte Steuerung der Zufuhrmenge war für den Erfolg der Methode ausschlaggebend: Es durfte immer nur so viel Maische durch den Bottich laufen, wie in einem Durchlauf versäuert werden konnte. Man erhielt somit nach einem Durchlauf den fertigen Essig, den man unten am Fass entnahm. Während der Gärung wurde Luft, die durch Öffnungen unterhalb des Lattenrostes eintreten konnte, in das Fass gebracht. Bedingt durch die Wärmebildung im Inneren der Spansäule trieb die Luft nach oben.

Essiggewinnung im Schnellverfahren

Da dieses System erheblich schneller als das Orléans-Verfahren war, nannte man es auch Schnellessigverfahren. Die Säule aus Essigspänen diente aber nicht nur zur Vergrößerung der Oberfläche, sondern sie hielten die Essigbakterien gewissermaßen auch fest. Somit erklärt sich zudem ein weiterer Name der Produktionsmethode: Fesselgärung. Dieses Verfahren wurde etwa 1830 in seiner ursprünglichen Form entwickelt und im Laufe der Zeit erweitert und verändert.

Kühlung gegen zu viel Wärme

Heinrich Frings (1883 bis 1938) vervollkommnete die Produktionsmethoden und brachte die Essigherstellung ein großes Stück voran, indem er erstmalig mittels Kühlung für geregelte Temperaturverhältnisse in der Spansäule sorgte. Und das ist vor allem dann wichtig, wenn man große Mengen Essig in einem einzigen Essigbildner produzieren will. Hier können die Temperaturen im Innern der Spansäule bedingt durch die Wärme, die die Bakterien während der Oxidation des Alkohols zu Essigsäure erzeugen, stark ansteigen. Und das wiederum kann zum Absterben der Bakterien führen, da sie keine höheren Temperaturen vertragen. Hinzu kommt, dass Aromastoffe durch die Erhitzung verdunsten.

Rundpumpverfahren

Der Aufbau eines Großraumbildners entspricht im Prinzip dem eines Schüzenbach-Bildners. Der Sammelraum ist im Verhältnis zur Spansäule jedoch wesentlich größer. Die Maische, zum Beispiel der Wein oder ein Gemisch aus Branntwein, Wasser, Essig und Nährstoffen, wird durch einen Kühler, der um den Bottich gelegt ist, nach oben ge-

In den Spanbildnern der Firma Heinrich Frings wurde erstmals mittels Kühlung für eine geregelte Temperatur im Essiggärgefäß gesorgt.

pumpt und gleichmäßig über die Späne verteilt. Die Pumpe, die den Kühler steuert, treibt auch das Gebläse an, das die Luft unter den Lattenrost bläst, so dass diese nach oben steigen kann. Die herabfließende Maische gelangt in den Sammelraum, wird wieder hochgepumpt und fließt erneut über die Späne, bis der Essig fertig entnommen werden kann. Diese leistungsfähige Produktionsmethode nennt man auch Rundpump- oder Großraumbildnerverfahren. Seit 1928 waren diese Spanbildner auf dem Markt, von denen die größten eine Spansäule von bis zu 60 Kubikmeter aufwiesen. Ein Spanbildner mit 40 Kubikmeter produzierte etwa 14.000 Liter eines zwölfprozentigen Essigs innerhalb von sechs Tagen.

Bakterien tauchen unter

Die Kühlung ist auch ein wichtiges Element bei der Herstellung von Essig in so genannten Acetatoren, die modernste Entwicklung in der Essigherstellung, in denen wesentlich schneller große Mengen Essig produziert werden können. Bei dieser Methode haften die Bakterien nicht mehr an den Spänen, sondern schwimmen frei in der Maische im Inneren des Gerätes. Sie tauchen unter, und somit wird dieses Verfahren auch ***Submers***-Verfahren genannt. Eine Turbine am Boden des Gerätes führt feinst verteilte Luft zu und versorgt die Bakterien, die ja sonst absterben würden, mit Sauerstoff. Auch bei den Acetatoren muss die Maische gekühlt werden. Hat der Essig den gewünschten Säuregrad erreicht, was nach etwa ein bis eineinhalb Tagen der Fall ist, entnimmt man die Hälfte, die andere Hälfte bleibt im Gärbottich und wird wieder mit neuer Maische gemischt. So bleibt der Prozess ständig in Gang.

Submers
[franz.] von submerger = unter Wasser setzen, versenken, untertauchen.

Acetatoren

Die ersten Acetatoren, die vor etwa 70 Jahren gebaut wurden, waren aus Holz. Heute sind diese Hochleistungsgeräte aus säurefestem Stahl. Der kleinste produziert immerhin bereits 60 Liter Essig in 24 Stunden, die größten dieser Anlagen bringen es auf einen Ausstoß von 9,6 Millionen. Litern Essig mit zehn Prozent Säure pro Jahr. Die Essigproduktion wird dabei automatisch überwacht, und das betrifft nicht nur die Kühlung und die Belüftung, sondern auch den ansteigenden Säure- und abnehmenden Alkoholgehalt. Bei fachgerechter Bedienung und so lange die Bakterien nicht erkranken, ist die Produktion gewährleistet. Das Schlimmste, was passieren kann, ist ein Stromausfall. Nur fünf Sekunden ohne Strom, das heißt ohne Sauer-

Essig wird heute in solch modernen Acetatoren per submersen Verfahren produziert.

Ein bisschen Chemie und Mikrobiologie

Die Bildung von Essigsäure

Aus Alkohol wird Essig

Dass aus Wein nach längerer Zeit Essig werden kann, wissen die Menschen aus Erfahrung seit Jahrtausenden. Der Grund für diese Umwandlung war ihnen jedoch lange Zeit unbekannt, und der Essig entstand somit mehr oder weniger zufällig. Obwohl bereits im Mittelalter Weinessig „industriell“ erzeugt wurde und es viele Theorien und Anleitungen zur Essigherstellung gab, wusste man nicht, dass einzig und allein Mikroorganismen dafür verantwortlich zeichneten.

Erst der berühmte französische Chemiker und Mikrobiologe Louis Pasteur brachte Licht ins Dunkel. Er beschrieb in seinen „Etudes sur le vinaigre“ 1868, dass eine lebende Zelle – das Essigbakterium – die Essigsäure produziert. Diese winzig kleinen Lebewesen setzen alkoholische Flüssigkeit zu Essig um und benötigen dazu, das ist unabdingbar, Sauerstoff. Während dieses Prozesses vermehren sich die Essigsäurebakterien ständig und verbrauchen somit immer mehr Alkohol für die Essigproduktion.

Der bekannte französische Chemiker und Biologe Louis Pasteur erkannte als erster Wissenschaftler, dass ein kleiner Einzeller, das Essigbakterium, für die Umwandlung des Weines in Essig verantwortlich ist.

Essig – das Resultat einer unvollständigen Oxidation

Es handelt sich genau genommen um eine Oxidation, also eine Reaktion mit Sauerstoff, bei der aus dem Alkohol (Ethanol) Essigsäure wird. Da Essigsäure das Endprodukt ist, bezeichnet man die Reaktion aber als eine „unvollständige Oxidation“. Erst nach der weiteren Umsetzung der Essigsäure zu Kohlendioxid und Wasser wäre sie vollständig. Auch die Begriffe „oxidative Gärung“ oder „aerobe Fermentation“ (aerob bedeutet mit Sauerstoff) sind im Rahmen der Essigsäureherstellung gebräuchlich.

DIE CHEMISCHE FORMEL

Ethylalkohol (C_2H_5OH) + Sauerstoff (O_2) Æ Essigsäure (CH_3COOH) + Wasser (H_2O).

Gleichzeitig produzieren die Bakterien dabei Wärme.

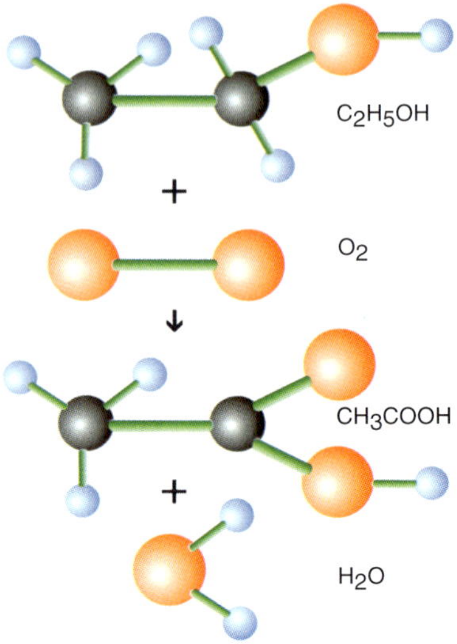

Vinaigrier
[franz.] Essigbrauer, -händler, -flasche.

Aus einem Gramm Alkohol wird 1,3 Gramm Essigsäure gebildet. Der Einfachheit halber verzichtet der Privat***vinaigrier*** auf die Stellen hinter dem Komma und rechnet, dass aus einem Gramm Alkohol bei optimalem Gärverlauf etwa ein Gramm Säure wird. Aus einem Apfelwein mit fünf Volumenprozent Alkohol kann also ein Apfelessig mit etwa fünf Prozent Säure entstehen.

Die Schnupperprobe

Die oben genannte Reaktion läuft nicht direkt ab, sondern über Zwischenprodukte, den Acetaldehyd und den Essigsäureäthylester. Das ist die Substanz, die den werdenden Essig nach Klebstoff riechen lässt. Wenn Sie also bei der eigenen Essigproduktion hin und wieder an Ihrem Gefäß schnuppern, in dem der Wein zu Essig vergoren wird, und es riecht nach Klebstoff, ist die Essigproduktion in vollem Gang: Die Bakterien sind aktiv.

Mikroorganismen am Werk

Pasteur bezeichnete die Bakterien, die die Essigbildung bewirken, als Bacteria aceti oder – da sie Häute bilden können – als Mycoderma aceti. Er erkannte, dass es verschiedene Essigsäurebakterien gab. Inzwischen sind diese Mikroorganismen gut untersucht und eine Vielzahl von Spezies bekannt.

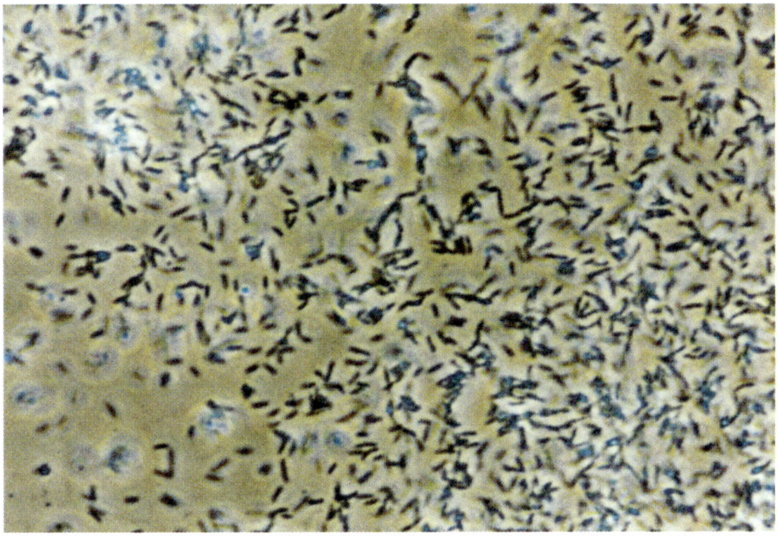

Essigbakterien

Hefe und Essigbakterien – eine freundschaftliche Beziehung

In der freien Natur kommen Essigbakterien fast immer zusammen mit Hefen vor. Und das ist aus ihrer Sicht eine sinnvolle Sache. Die Hefen vergären nämlich die Zucker in den Säften zu Alkohol, den wiederum die Essigbakterien für die Essigproduktion brauchen. Doch noch ein wenig mehr ist nötig, um für die winzigen Essigfabrikanten optimale Arbeits- und Lebensbedingungen zu schaffen. Ein wesentlicher Faktor ist die ausreichende Sauerstoffzufuhr, ohne den die Bakterien den Alkohol nicht verwerten können. Dann brauchen sie natürlich den Alkohol selbst und noch verschiedene andere Nährstoffe, um gut zu wachsen, zu leben und sich zu vermehren. Zu diesen Nährstoffen zählen unter anderem Zucker, verschiedene Vitamine, Mineralstoffe und Spurenelemente und bestimmte Eiweißbausteine, die Aminosäuren. All diese Nährstoffe stecken in – wie der Fachmann sagt – natürlichen Substraten, wie zum Beispiel Wein, Obstwein oder Bier. Nimmt man jedoch reinen Alkohol, wie beim Branntweinessig, müssen Nährstoffe zugesetzt werden.

Nicht zu warm und nicht zu kalt

Neben einem ausgewogenen Nährstoffangebot brauchen Essigbakterien die richtige Temperatur, um optimal zu arbeiten.

BACTERIA ACETI – EIN STECKBRIEF

- *Wissenschaftliche Bezeichnung: Acetobacteraceae mit den Gattungen Acetobacter und Gluconobacter;*
- *Breite: 0,6 bis 0,8* ***µm****;*
- *Länge: 1,0 bis 3,0 µm;*
- *Aussehen: stäbchenförmig mit einigen Geiseln, farblos;*
- *Aktivität: schwach beweglich;*
- *Sonstige Kennzeichen:* ***gram-*** *negativ.*

1 µm *= 1 Millionstel Meter oder der 10.000. Teil eines Zentimeters.*

Der Däne ***Gram*** *entwickelte im vorigen Jahrhundert ein Färbeverfahren, mit dem Bakterien charakterisiert werden können. Manche Bakterien behalten nämlich die Färbung, andere nehmen sie nicht an, und dieses Merkmal geht mit anderen Eigenschaften einher.*

Sie mögen es weder zu kalt noch zu warm. Mindestens 10 °C sollten es sein, doch erst zwischen 20 und 30 °C laufen sie zur Hochform auf. Temperaturen über 30 °C schädigen sie, mehr als 42 ° C sind für Essigbakterien sogar tödlich.

Nicht alle Bakterienspezies eignen sich übrigens gleichermaßen gut zur Essigproduktion. Es gibt nämlich welche, die sich nicht damit begnügen, Essig zu produzieren. Sie oxidieren, ist kein Alkohol mehr vorhanden, die Essigsäure weiter zu Kohlendioxid und Wasser. Recht einfach ist das am Geschmack festzustellen, der Essig schmeckt schal, der typische Essigton fehlt.

ZU VIEL ALKOHOL?

Nicht nur zu hohe oder zu niedrige Temperaturen beeinflussen die Tätigkeit der kleinen Essigproduzenten sehr, sondern auch ein zu hoher Alkohol- oder ein zu hoher Essigsäuregehalt. Das heißt für die Praxis: Bei zu viel Alkohol im Ausgangsprodukt, wie zum Beispiel im Branntwein, fangen die Bakterien nicht an zu arbeiten. So liegt die obere Alkoholgrenze bei zehn bis zwölf Volumenprozent, doch gibt es hier auch Unterschiede zwischen den einzelnen Bakterienspezies.

Zarte Häute, gallertartige Schichten

Essigbakterien haben die Eigenschaft, schleierförmige Häute zu bilden, die auf der Flüssigkeit schwimmen. Je nach Spezies können diese Häute entweder zart wie Seidenkrepp oder etwas dicker oder sie können glatt bis leicht faltig sein. Auch die so genannte Essigmutter ist eine Ansammlung von Essigbakterien. Hier sind besonders schleimbildende Bakterienarten am Werk, die vor allem auf ***extrakt***reichen, aber leichten Weinen eine kompakte, dichte, gallertartige Schicht bilden.

Extrakt

Hiermit bezeichnet der Weinfachmann die Gesamtheit aller im Wein gelösten Stoffe, wie Zucker, Gerb- und Farbstoffe oder Eiweiße. Rotweine sind meist extraktreicher.

Essigsäure – und was sonst noch?

Essig enthält weit mehr als nur Essigsäure. Zwar ist sie neben Wasser die Hauptsubstanz, da aus Alkohol ja Essigsäure gebildet wird. Doch ist sie nicht der einzige Bestandteil, der in einem Essig zu finden ist, denn im Wein oder in den entsprechenden alkoholischen Flüssigkeiten liegt auch nicht nur Alkohol vor. Außerdem entstehen im Stoffwechsel der Essigbakterien verschiedene Endprodukte. So weist ein guter Gärungsessig beispielsweise Weinsäure, Milchsäure oder Apfelsäure auf, darüber hinaus Bestandteile von Eiweißen, Aminosäuren, Zucker, Mineralstoffe, Vitamine, wie zum Beispiel sämtliche Vitamine der B-Gruppe, verschiedene Ester, Fruchtsäuren, Aromastoffe und vieles mehr. In Untersuchungen konnten zahlreiche weitere Substanzen nachgewiesen werden.

Diese Gerätekombination, wie sie bei der industriellen Essigproduktion zum Einsatz kommt, kann den Gehalt an Alkohol bis zu 18 Volumenprozent genau bestimmen.

Die gesundheitlichen Vorteile des Essigs

Lebenselixier und sanftes Heilmittel

Ein Arzneimittel mit Geschichte

Von alters her nutzen die Menschen rund um den Globus den Essig nicht nur zum Würzen und Konservieren ihrer Speisen, sondern außerdem als Heilmittel. In alten chinesischen Texten wird er gar als Lebenselixier bezeichnet. Auch der bekannte griechische Arzt Hippokrates setzte den Essig zur medizinischen Behandlung ein. Er empfahl beispielsweise, Wunden mit in Essig getränkten Umschlägen zu verbinden und ihn bei allen Arten von Atembeschwerden anzuwenden. Mit Pfeffer verrührt, sollte Essig nach Meinung der Gelehrten Griechenlands auch zur Belebung bei Erstickungsanfällen nützlich sein.

Essig war noch im Mittelalter ein Medikament, das sowohl innerlich als auch äußerlich, und zwar zur Behandlung von Darmerkrankungen, von Lepra, Pest, Fieber, Schlangenbissen oder Husten, angewendet wurde. Sogar gegen Trunkenheit, Ohnmacht nach dem Baden und verschluckte Blutegel sollte er helfen. Essig war zum Beispiel ein Bestandteil des bekannten Riechsalzes, das im 19. Jahrhundert bei den Damen der feineren Gesellschaft sehr in Mode war. Der leicht stechende Geruch der Essigsäure, der in der Nase kribbelt, weckte die Lebensgeister.

Bereits Hildegard von Bingen berichtet von den verdauungsregulierenden und -fördernden Wirkungen des Essigs: „Weinessig taugt zu allen Speisen, wenn er nicht vorschmeckt. Auf solche Weise reinigt er das ‚stinkende' (Blähungen, Gase) im Menschen und reduziert die schlechten Säfte und sorgt dafür, dass sein Essen den rechten Weg geht." (Strehlow, W: „Wie Hildegard-Medizin vorbeugt und heilt", Freiburg 1997).

Renaissance eines altbewährten Hausmittels

Vor allem in der Volksmedizin hat Essig seinen festen Platz zur Behandlung verschiedenster Symptome und Erkrankungen behalten. In der klassischen Schulmedizin musste er jedoch, mit der fortschreitenden Entwicklung und den zunehmenden Erkenntnissen in den verschiedensten Fachbereichen, anderen Medikamenten weichen, die gezielter und effizienter wirken können. Und doch erlebt der Essig in den letzten Jahren eine Renaissance, und er wird von vielen wieder entdeckt. Das Interesse ist verständlicherweise groß. Schließlich hat man mit dem Essig ein altes, natürliches, preiswertes Hausmittel an der Hand, das sowieso in jeder Küche steht. Und was nicht unerheblich ist: Essig hat in richtiger Dosierung keine Nebenwirkungen, er heilt und beugt auf milde Weise Erkrankungen vor. Warum also immer gleich mit Gewehren auf Spatzen schießen. Leichte Beschwerden kann man ruhig zunächst mit einfachen Hausmitteln wie dem Essig behandeln. Bei ernsthaften Erkrankungen, länger andauernden Symptomen oder wenn sich bei den leichten Beschwerden trotz der Essiganwendungen keine Besserung zeigt, muss immer der Arzt aufgesucht werden.

Der besseren Verdauung wegen

Die verdauungsfördernde Wirkung des Essigs ist unbestritten. Er regt beispielsweise die Bauchspeicheldrüse zur vermehrten Produktion von Verdauungssäften an, wie der russische Natur- und Verhaltensforscher Pawlow in seinen Experimenten nachwies. Den Salat als Vorspeise zu servieren, vor allem dann, wenn er mit einer Vinaigrette (also einer Essig-Öl-Sauce) angemacht wurde, ist also nicht nur aus kulinarischer, sondern auch aus gesundheitlicher Sicht sinnvoll.

Essig beeinflusst den gesamten menschlichen Verdauungstrakt. Die Speicheldrüse wird angeregt und antwortet mit einer erhöhten Speichelproduktion, die Bauchspeicheldrüse sondert vermehrt Verdauungssäfte ab, und der Darm reagiert mit einer verstärkten Peristaltik.

Naturmediziner empfehlen auch heute noch bei verschiedenen Verdauungsstörungen, wie Blähungen, Völlegefühl oder leichtem Durchfall, Essig – meist jedoch nicht pur, sondern verdünnt. Ein Glas Wasser auf nüchternen Magen am Morgen getrunken, regt mild die Darmperistaltik an. Wer noch einen Esslöffel Essig dazugibt, schafft zusätzlich gute Bedingungen für die Darmbakterien, die eine leicht saure Umgebung bevorzugen.

Essig – ein Bakterienfeind

Schon früh ahnte man die desinfizierenden und antiseptischen Wirkungen des Essigs, auf die man ja beim Konservieren von Lebensmitteln zurückgriff. Aber auch auf dem medizinischen Gebiet wird Essig schon lange zum Desinfizieren eingesetzt. So empfahl der Chinese Sung Tse im 10. Jahrhundert, während der gerichtsmedizinischen Untersuchung von Leichen die Hände mit Schwefel und Essig zu waschen, um so Infektionen zu vermeiden.

Desinfektionshilfe von alters her

Auf dem europäischen Kontinent galt Essig ebenfalls als Desinfektionsmittel der ersten Wahl. Man putzte damit Räume und reinigte die verdorbene Luft in Gefängnissen, Krankenstuben und Lazaretten, indem man sie mit Essig „ausräucherte“. Dazu wurde der Essig auf einen glühenden Ziegel- oder Sandstein gegossen. Auch Briefe aus fernen Ländern, in denen ansteckende Krankheiten grassierten oder in denen dies vermutet wurde, hielt man über verdampfenden Essig. Schlechte „Dämpfe“ und Ausdünstungen galten als die eigentlichen Übeltäter für Krankheiten, und man machte sie für die hohe Ansteckungsgefahr in Krankenhäusern oder für die Ausbreitung von Epidemien verantwortlich. Von Bakterien wusste man damals noch nichts. Der Essig jedenfalls konnte mit seinem leicht stechenden Geruch den Gestank unterdrücken.

Essig im Kampf gegen die Pest

Essig war das Mittel, das empfohlen wurde, um sich gegen die Pest zu schützen. Vor allem Mediziner wuschen sich Hände und Gesicht vor und nach der Untersuchung von Pestkranken mit Essig. Während der Pest in Marseille 1720 trug jeder Einwohner einen mit Essig getränkten Schwamm bei sich, um ihn jederzeit unter die Nase halten zu können. Darüber hinaus rieb man Lebensmittel, Geld, Papier, Häuserwände und alles, was schmutzig war oder mit Pestkranken oder Pesttoten in Berührung kam, mit Essig ab.

DER VIER-RÄUBER-ESSIG

Berühmtheit erlangte der Essig als Mittel gegen die Pest durch vier französische Leichenschänder und Plünderer. Während bei den meisten ihrer „Kollegen" die Strafe auf den Fuß folgte und sie einige Tage nach ihrer Tat selbst erkrankten, ereilte die vier dieses Schicksal nicht. Sie schützten sich, so die Überlieferung, mit einem Essigelexier, dem so genannten „Vinaigre des quatre voleurs", dem Vier-Räuber-Essig, der Auszüge verschiedener Kräuter, wie beispielsweise Wermut und Salbei, enthielt. Eines Tages jedoch fasste und verurteilte man sie. Noch einmal half ihnen der Essig, ihr Leben zu retten, indem sie das Geheimnis seiner Herstellung verrieten.

Letztlich konnte der saure Trank die Pest nicht bekämpfen, schließlich wurden die Erreger, Bakterien mit dem wissenschaftlichen Namen Yersinia pestis, durch Nagetiere wie Ratten und durch ihre Flöhe auf den Menschen übertragen. Deshalb haben die zunehmend besser werdenden hygienischen Verhältnisse wesentlich zum Verschwinden der Pest beigetragen. Trotzdem muss man den Essigwaschungen wohl zugestehen, dass sie zumindest auf rein mechanischem Wege einen Teil der Pestbakterien beseitigten.

Auch nach den Zeiten der großen Pestepidemien braute man aus Essig und den unterschiedlichsten Kräuterzusätzen Heilmittel für die verschiedensten Erkrankungen.

Antiseptische Wirkung

Dass Essig beziehungsweise Essigsäure das Wachstum verschiedenster Bakterien einschränken und sogar hemmen kann, zeigten wissenschaftliche Untersuchungen. Dazu zählen auch Yer-

Nicht nur mit Essig – auch mit Rauch und Masken versuchte man, sich in der Zeit der Pestepidemien vor der tödlichen Krankheit zu schützen. Hier ein Arzt in Marseille.

sinia enterocolitica, ein Bakterium aus der gleichen Gattung wie der Pesterreger, oder Salmonellen. Nicht zuletzt ist auf Grund dieser ***bakteriziden*** Eigenschaften des Essigs die Konservierung von Lebensmitteln möglich.

Bakterizid
Keimtötende Wirkung.

In der Naturmedizin greift man heute noch auf die antiseptischen Wirkungen des Essigs zurück und desinfiziert damit kleine Wunden und leichte Verbrennungen. So zeigte sich in Untersuchungen, dass er ein preiswertes und effizientes Mittel ist, um Wundinfektionen zu beseitigen.

EIN MILDES HAUSMITTEL GEGEN ERKÄLTUNGSKRANKHEITEN

Vor allem bei den ersten Anzeichen einer Erkältung kann der Essig verdünnt eingenommen oder äußerlich angewendet hilfreich sein. In all diesen Fällen wirkt er vor allem bakterizid und entzündungshemmend.

- *Bei Halsweh, Husten, Heiserkeit und Rachenentzündungen wird das Gurgeln mit Essigwasser empfohlen. Man gibt dazu etwa zwei bis drei Teelöffel Essig auf ein Glas lauwarmes Wasser.*
- *Auch bei den verschiedenen Wickeln kann Essig verdünnt mit Wasser genommen werden, beispielsweise beim Wadenwickel, den man zur Fiebersenkung empfiehlt, oder beim Halswickel, der bei Heiserkeit unterstützend helfen kann.*
- *Bei Schnupfen kann ein Essigdampfbad helfen, hierzu gibt man ein paar Esslöffel Essig in heißes Wasser.*
- *Ein Essigtrunk am Morgen unterstützt die äußerlichen Essiganwendungen.*

Häufig empfehlen Naturmediziner, den Essig mit verschiedenen Heilkräutern, abgestimmt auf die jeweiligen Erkrankungen, oder mit Honig zu mischen. In diesen Heilessigen ergänzen sich die verschiedenen Wirkungsweisen der einzelnen Zutaten.

Bei Schnupfen, Husten, Heiserkeit kann Essig die Beschwerden lindern.

Natürliche Pflege für die Haut

Essig hilft, den natürlichen Säureschutzmantel der Haut aufrechtzuerhalten oder zu regenerieren. Deshalb wird er bei Irritationen der Haut empfohlen. Auch bei Insektenstichen oder leichten Schwellungen, bei Sonnenbränden oder geringfügigen Verbrennungen hilft es, die betreffenden Stellen vorsichtig mit

Bei Prellungen und Blutergüssen hilft essigsaure Tonerde, oder man kann genauso Essigkompressen verwenden.

Essig abzutupfen. Allerdings ist der Essig nur die erste Notmaßnahme. Gegen ernsthafte Blessuren oder wenn man gegen Insektenstiche allergisch reagiert, kann er nichts ausrichten. In diesem Fall muss man immer den Arzt aufsuchen.

Auch gegen Fußpilz, Warzen oder Hühneraugen kann Essig helfen, vorausgesetzt, man betupft die betreffenden Stellen über einen längeren Zeitraum regelmäßig.

Vinaigres de toilette

Essig heilt nicht nur kleine Wunden und Blessuren, sondern pflegt auch die Haut, macht sie schön und ist daher ein preiswertes kosmetisches Mittel. Das wusste wohl auch die italienische Fürstin Lucrezia Borgia (1480 bis 1519), deren Schönheit über die Grenzen und Zeiten hinaus berühmt war. Es wird berichtet, dass sie jeden Morgen in Essig badete. Die so genannten „Vinaigres de toilette“, also Essige zur Körperpflege, des berühmten Essig- und Senffabrikanten Maille waren im 18. Jahrhundert so sehr geschätzt, dass er 92 neue Sorten, unter anderem mit so klangvollen Namen wie „Vinaigre de Vénus“, auf den Markt brachte. Zu seinen berühmten Kundinnen zählte die Marquise de Pompadour, die Mätresse Ludwigs XV. Sie benutzte 37 verschiedene „Vinaigre de toilette“, darunter Anisessig oder den „Essig der Dauphine“.

TIPP

Auch den Haaren tut Essig Gutes. Essigspülungen nach dem Waschen spülen eventuelle Seifen- und Kalkreste weg und bringen das Haar zum Glänzen.

Heute wurde der Essig aus dem Badezimmer verdrängt. Doch Waschungen und Abreibungen des Körpers mit Wasser, dem man einige Spritzer Essig zugibt, sind durchaus zu empfehlen. Sie regen die Durchblutung an und erfrischen wunderbar. Hier sind vor allem mit Heilkräutern und -pflanzen aromatisierte Essige zu empfehlen.

Wundermittel Essig?

Der Essig, besonders der Apfelessig, erlebt in letzter Zeit eine Renaissance, und seine Heilwirkung ist derzeit in aller Munde. Er soll den Körper entschlacken, vitalisieren und allgemein den Stoffwechsel anregen. Neben den bereits beschriebenen Verwendungsmöglichkeiten werden ihm viel Erfolg zur Behandlung diverser Erkankungen nachgesagt, wie zum Beispiel bei Kopfschmerzen, Rheuma oder bei zu hohen Blutfettwerten. Ob die Anwendung des Essigs in all diesen Fällen berechtigt ist, kann zur Zeit nicht beantwortet werden. Bei den zahlreichen Berichten über die vielfältigen positiven Wirkungen darf man eines nicht vergessen: Es handelt sich meist um persönliche oder überlieferte Erfahrungen, wie bei vielen anderen Anwendungen der Volksmedizin auch.

Kalium

Häufig beziehen sich die beschriebenen Wirkungen dabei nicht auf den Essig als solchen, sondern auf einzelne Inhaltsstoffe wie Vitamine oder Mineralstoffe. Auch wenn davon eine Vielzahl im Essig vorliegen, der Gehalt wird meist überschätzt. So wird der Kaliumreichtum hervorgehoben, der zweifelsohne auch vorhanden ist (100 Milligramm Kalium in 100 Gramm Obstessig). Doch bereits die Ausgangsprodukte, Äpfel beim Apfelessig oder beim Weinessig Trauben, enthalten mehr davon (190 Milligramm Kalium in 100 Gramm Weintrauben), ganz zu schweigen von anderen Obst- oder Gemüsearten wie Bananen oder Kartoffeln. (Um die Zahlen einordnen zu können: Ein Erwachsener benötigt etwa zwei Gramm Kalium pro Tag.)

Ballaststoffgehalt

Auch den Pektinen, das sind wasserlösliche Ballaststoffe, werden positive Wirkungen vor allem auf den Cholesterinspiegel nachgesagt. Zu Recht. Aber – der Ballaststoffgehalt in Essig ist, selbst in einem naturtrüben Produkt, äußerst gering. Obst und Gemüse jedoch, zumal dann, wenn sie mit der Schale gegessen werden, sind dagegen reich an Ballaststoffen (Pektine u.a.).

TIPP

Wer etwas für seine Gesundheit tun möchte, sollte nicht nur auf die Kraft des Essigs vertrauen. Eingebettet in eine Ernährung, die reich an Obst, Gemüse und Getreideprodukten, aber arm an Fett und tierischen Lebensmitteln ist, fördert er das Wohlbefinden. Eine vitamin- und mineralstoffarme Ernährung kann er keinesfalls ausgleichen.

Essig in kleinen Mengen ist unschädlich
Essig wird sofort umgesetzt und stellt keine Belastung für den Stoffwechsel dar. Und das ist eigentlich auch nicht verwunderlich, denn Essigsäure ist keine körperfremde Substanz, sondern hat eine ganz zentrale Stellung im Stoffwechsel inne. So werden beispielsweise Nährstoffe wie Fette, Kohlenhydrate oder teilweise auch Eiweiße über die so genannte aktivierte Essigsäure abgebaut.

Mildes Hausmittel – aber kein Allheilmittel
Bei all diesen Betrachtungen der einzelnen Inhaltsstoffe darf zudem eines nicht außer Acht gelassen werden: Essig kann auf Grund seiner Säure nur in geringer Menge gegessen oder getrunken werden. Der reine Zahlenvergleich von Nährstoffangaben in verschiedenen Lebensmitteln sagt somit eigentlich nichts aus. Im Hinblick auf die Heilung von Krankheiten bleibt festzustellen: Essig ist ein mildes Hausmittel, das die Heilungskräfte des Körpers unterstützt und bei einigen Beschwerden erfolgreich eingesetzt werden kann. Es ist aber keinesfalls ein Wundermittel.

Essig, Kalzium und Eisen

Hier nun eine Anwendungsmöglichkeit des Essigs, die für all jene interessant ist, die zusätzliches Kalzium aufnehmen müssen. Wer seine Kalziumtabletten mit Essig übergießt, kann etwas über die Auflösezeit der Tabletten im Verdauungstrakt und damit etwas über die Verfügbarkeit des Kalziums erfahren. Untersuchungen in Kanada und Amerika weisen darauf hin, dass dieser einfache Test zu aussagekräftigen Ergebnissen führt. Je schneller die Tablette aufgelöst wird, desto besser (mindestens innerhalb von 30 Minuten).

Verbesserung der Eisenaufnahme
Eine gute Nachricht gibt es im Hinblick auf den Mineralstoff Eisen. Aus tierischen Lebensmitteln kann er relativ gut aufgenommen werden, hingegen ist die Aufnahmefähigkeit aus pflanzlichen Lebensmitteln stark begrenzt. Essig hilft, das Eisen aus pflanzlichen Lebensmitteln in eine Form zu bringen, die der Körper besser aufnehmen kann. Und das wiederum lässt die Eisenwerte steigen.

Frei von Nebenwirkungen?

Die kluge Hildegard von Bingen ahnte wohl bereits, dass es beim Essig – wie bei vielen anderen Dingen auch – auf die zugeführte Menge ankommt. Deshalb sollte der Essig nicht „hervorschmecken". Denn was in Maßen nützt, kann in großen Mengen schädlich sein. Das betrifft vor allem die Konzentration des Essigs, also ein Zuviel an Essigsäure. Sie hat eine stark ätzende Wirkung auf Haut und Schleimhäute. Eine Einnahme von 20 bis 30 Milliliter wasserfreie Essigsäure ist sogar tödlich. Solche gesundheitsschädlichen Konzentrationen liegen im normalen Essig nicht vor. Bei Essigessenz hingegen muss man aufpassen und sie immer verdünnt verwenden. Wer jedoch eine entzündete Magenschleimhaut oder ein Magengeschwür hat, sollte auch mit dem normalen Essig vorsichtig sein.

Hilfe bei Osteoporose?

Der Mineralstoff Kalzium ist bei der Prophylaxe oder zur Behandlung von Osteoporose in aller Munde und deshalb gilt es, ausreichend Kalzium aufzunehmen. In diesem Zusammenhang wird manchmal empfohlen, etwas Essig beim Auskochen von Suppenknochen zu Brühen zu geben. Doch leider sind die Anreicherungen nicht sehr stark; sie sind, wie Wissenschaftler sagen, „statistisch nicht signifikant". Das ergaben Untersuchungen, bei denen Hühnerknochen mit und ohne Essig ausgekocht wurden. Diese gesäuerte Brühe stellt also keinesfalls eine Alternative zu den kalziumreichen Lebensmitteln Milch, Joghurt und Käse dar.

Auch Kupfer wird von Essig ausgelöst – zwar in weitaus geringerer Menge und weniger toxisch als Blei, doch verlieren Nahrungsmittel in Kupfertöpfen zubereitet viel an Vitamin C.

Blässe, Anämie durch Essig?
Trotzdem hört man hin und wieder einmal, dass Essig schädlich sei, und das, obwohl der Essig über die Jahrtausende hinweg im hauswirtschaftlichen oder medizinischen Bereich seinen Nutzen und seine Unschädlichkeit in der Praxis bewiesen hat. In Zusammenhang wird der Essig gebracht mit Blässe oder Anämie. Doch ist hier nicht der Essig der Übeltäter, sondern vielmehr das Schwermetall Blei. Diese Bleivergiftungen waren beispielsweise eine Hauptursache für die Kinderlosigkeit der oberen römischen Schichten. Denn Blei findet man nicht nur in den alten römischen Wasserleitungen, sondern auch in den damals verwendeten verbleiten Kochgefäßen aus Bronze oder Kupfer oder in den schönen Bleiglasuren der teuren Keramikgeschirre. Der Essig, der im alten Rom eines der wichtigsten Würzmittel war, löste das Blei aus den Materialien. Genauso wie Essig können natürlich auch Fruchtsäuren das Blei auslösen. Das einfache Volk blieb von Bleivergiftungen weitgehend verschont, denn es konnte sich die teuren Keramikgeschirre nicht leisten und benutzte Holz.

Untersuchungen in den USA zeigen, dass die Menge Blei, die Essig aus Glasuren lösen kann, nicht unerheblich ist. Keramikgeschirre (hergestellt vor 1970), die mit vier Prozent Essigsäure über 24 Stunden gefüllt waren, wiesen Bleikonzentrationen auf, die über dem 200fachen der erlaubten FDA-Konzentration lagen (FDA = US Food and Drug Administration).

Im Mittelalter trat Zinn anstelle des Bleis, und dieses Geschirr war relativ bleiarm. Auch Kupfer wird vom Essig ausgelöst, doch dieses ist weit weniger toxisch. Das Kochen in Kupfertöpfen steigert aber den Verlust an Vitamin C. Und ein Vitamin-C-Mangel äußert sich unter anderem durch Schwäche, Erschöpfung, Blässe, Ermüdung. Auswirkungen, die man fälschlicherweise dem Essig zuschob. Heute sind gute Edelstahltöpfe säurebeständig, so dass die Sorge um Vergiftungen durch Schwermetalle unbegründet ist.

Der Essig und die Liebe

Essig war durch die Jahrhunderte hindurch nicht nur ein Mittel für die Gesundheit, sondern man setzte ihn auch in Sachen Liebe ein. Eigentlich nicht verwunderlich! Was so stark war, gegen Krankheiten zu schützen, konnte vielleicht auch andere „Wunder" bewirken. So benutzten ihn Frauen, um ihre Jungfräulichkeit „wiederzuerlangen" und ihren Ehemännern eine glückliche Hochzeitsnacht zu bescheren. Berühmtheit erlangte beispielsweise der „Vinaigre de Virginité" (Essig der Jungfräulichkeit) des Sieur Maille. Nach Meinung der französischen Autorin Misette Godard injizierte man den Essig mehrere Tage lang mit Hilfe eines kleinen Schwämmchens, das man mit speziellen Kräuter-Essigzubereitungen tränkte, und vertraute auf die ***adstringierenden*** Kräfte des Essigs.

adstringierend
[lat.] zusammenziehend, Blutungen stillend.

Auch als Verhütungsmittel stand Essig hoch im Kurs. So wurde ihm nachgesagt, er führe dazu, dass die Männer bei Genuss von allzu viel Essig oder sauren Lebensmittel die Lust verlieren würden. Die Frauen trauten dieser oralen Kontrazeptionsmethode wohl nicht ganz. Sie führten lieber mit Essig getränkte Schwämmchen oder kleine Tücher ein oder spülten die Vagina nach dem Beischlaf mit Essig aus, um die Spermien abzutöten.

Bei der Geburt durfte Essig ebenfalls nicht fehlen. Er half beispielsweise gegen Milchstauungen.

Eingesetzt zur Verhütung, zur Steigerung der Liebesfähigkeit machte das Wundermittel Essig auch vor der Liebe nicht halt.

Essigsorten im Angebot

Essig ist nicht gleich Essig

Verblüffende Vielfalt

Unterschiedliche Ausgangsmaterialien und Produktionsmethoden bringen ganz verschiedene Essige hervor, und das kann man schon mit dem Auge, am Geruch und natürlich vor allem am Geschmack feststellen. So können Sie sich leicht davon überzeugen, dass ein Branntweinessig etwas vollkommen anderes als ein Balsamessig ist. Aber zwischen diesen beiden sind die Unterschiede auch besonders groß, ebenso zwischen den diversen aromatisierten Essigen.

Wenn Sie die Möglichkeit haben, machen Sie einmal eine Essigprobe mit Weinessigen verschiedener Rebsorten. Sie werden darüber verblüfft sein, wie unterschiedlich sie sind.

TIPP

Ein guter Essig hat das typische Aroma des vergorenen Weins, und deshalb können Weinessige, und hier vor allem die sortenreinen Weinessige, höchst unterschiedlich schmecken. Es lohnt sich also, verschiedene Weinessige zu testen.

Gesetzliche Vorschriften

Auch der Gesetzgeber trifft Unterscheidungen, wenn auch nur zwischen Essig im Allgemeinen und dem Weinessig. Über eine Verordnung im Lebensmittelgesetz wird der gewerbsmäßige Verkehr mit Essig und Essigessenz geregelt und hier wird ebenfalls beschrieben, was Essig ist. Im Sinne dieser Verordnung ist es ein Erzeugnis, das …

- durch Essiggärung aus weingeisthaltigen Flüssigkeiten, auch unter Verdünnen mit Wasser,
- durch Verdünnen von Essigsäure oder Essigessenz mit Wasser,
- durch Vermischen von Gärungsessig mit Essigsäure, Essigessenz oder Essig aus Essigessenz

hergestellt wird. Die Essige müssen mindestens fünf Gramm Essigsäure pro 100 Milliliter, dürfen aber höchstens 15,5 Gramm Säure pro 100 Milliliter Essig aufweisen. Apfelessige oder Branntweinessige fallen beispielsweise unter diese Verordnung.

Für Weinessig …

… gilt diese Verordnung nicht, das sagt das Gesetz ausdrücklich. Dieser unterliegt den einschlägigen weinrechtlichen Bestimmungen – und danach darf Weinessig ausschließlich aus Wein durch Essigsäuregärung hergestellt sein. Der Säuregehalt muss bei mindestens 60 Gramm pro Liter, also sechs Gramm pro 100 Milliliter Essig liegen. Fast selbstverständlich, aber trotzdem sei noch erwähnt: Essig darf, wie jedes andere Lebensmittel, nur aus einwandfreien Rohstoffen hergestellt werden.

Essige im Überblick

Fast alle Flüssigkeiten, die alkoholisch vergoren wurden, können das Ausgangsprodukt für den Essig sein, und somit gibt es eine Vielzahl von verschiedenen Essigen. Neben Branntwein und Apfelwein ist hierzulande vor allem der Traubenwein die Basis für die Essigproduktion. Er macht etwa 40 Prozent der verwendeten Rohstoffe aus. Hier nun einige der bekanntesten bei uns erhältlichen Essigsorten:

Weinessig

Weinessig muss, wie die gesetzlichen Bestimmung vorgeben, aus Traubenwein hergestellt sein und einen Säuregehalt von mindestens sechs Prozent aufweisen. Somit fallen einfache Rot- und Weißweinessige genauso unter diese Bestimmung wie rebsortenreine Essige. Je besser der Ausgangswein, desto besser der Essig, das wissen inzwischen viele Essigproduzenten, und so kann man heute ohne allzugroße Mühe hervorragende Weinessige erstehen. Manche davon, vor allem wenn Spätlesen, Beeren- oder Trockenbeerenauslesen die Basis der Essige bilden, können als Aperitif oder Digestif empfohlen werden, vorausgesetzt natürlich man liebt das Säuerliche.

Das Angebot an Weinessigen ist vielfältig, die Produktpalette heimischer Hersteller wird ergänzt durch Importe vor allem aus Italien und Frankreich. Und so fällt es manchmal schwer, sich für eine bestimmte Flasche zu entscheiden.

Sherryessig

Sherryessig ist ein würziger, vollmundiger Essig, der aus Sherry hergestellt wird. Man kann drei Qualitätsstufen unterscheiden. „Gran Gusto“, ein recht junger Essig, „Mayoral“ ein Essig, der zwölf Jahre und „Reserva“, der die doppelte Zeit im Eichenfass lagert – eine wahre Delikatesse. Das Besondere dieser Spezialität ist die Reife im Solera-System, das auch für feine Sherrys angewandt wird. Dabei liegen mehrere Fassreihen übereinander. Aus der untersten Reihe wird der ausgereifte Wein, oder in unserem Fall der Essig, zur Abfüllung entnommen, das Fass wird wieder aus der darüber liegenden Reihe aufgefüllt usw.

TIPP

Echte Sherryessige findet man in gut sortierten Supermärkten, im Feinkosthandel oder in Geschäften, die sich auf Essig spezialisiert haben.

Obstessig

Der bekannteste Obstessig ist der Apfelessig, dessen gesundheitliche Wirkungen in der Volksmedizin unbestritten sind. Während hierzulande der Apfelessig nur in den Gegenden produziert wurde, in denen auch große Mengen an Äpfeln anfielen, war er in den Vereinigten Staaten lange Zeit der meist produzierte Essig. Heute hat Apfelessig auch bei uns seinen festen Platz im Essigangebot. Ein guter Apfelessig schmeckt mild und fruchtig. Neben dem reinen Apfelessig, sei er naturtrüb oder klar, sind auch Apfelessigmischungen mit Acerolasaft oder mit Honig erhältlich.

Auch aus dem Wein anderer Früchte lassen sich Essige machen, so zum Beispiel aus Brombeeren, Heidelbeeren, Johannisbeeren, Feigen, Datteln, Ananas, Palmensäften oder Zuckerrohr. Dabei werden die Fruchtweine vergoren. Diese Essige dürfen nicht mit den aromatisierten oft gleichnamigen Essigen verwechselt werden. Die Essige, bei denen Früchte zum Auslaugen des Aromas in Essig gelegt werden, schmecken meist nicht so intensiv wie die direkt aus Fruchtweinen vergorenen Essige.

TIPP

Gute Obstessige haben das volle Aroma der eingesetzten Fruchtweine und können deshalb nicht so vielseitig wie ein Weinessig verwendet werden. Es handelt sich vielmehr um Spezialitäten, die vorsichtig dosiert und gezielt eingesetzt ein Gericht verfeinern und zu etwas Besonderem machen können.

ACETO
BALSAMICO
di Modena
Mazzetti
IMPORTE
D'ESPAGNE
12 ANS
GABESA

Honigessig

Dieser Essig hat einen milden, leicht süßlichen Geschmack. Es handelt sich dabei nicht um einen Essig, der mit Honig gesüßt wurde, sondern um versäuerten Honigwein, also um Essig aus Met. Der Honigessig kann, da er nicht dominiert, recht vielfältig verwendet werden.

Balsamessig

Jeder, der Essig liebt, kennt diesen „braunen Saft", der wie kein anderer Essig eine angenehme Säure mit einer zarten Süße harmonisch in sich vereint. Doch gibt es enorme Unterschiede zwischen einzelnen Balsamessigen, und nicht alles, was diesen Namen trägt, schmeckt gleichermaßen gut. Da die Nachfrage nach diesem Essig in letzter Zeit enorm gestiegen ist und die Produktbezeichnung „Aceto balsamico di Modena" nicht geschützt ist, findet man im Angebot nicht nur hochwertige nach dem vorgeschriebenen Verfahren produzierte Essige, sondern auch einfache Weinessige, die gesüßt und mit Zuckercouleur gefärbt sind. Die beiden haben bis auf die Bezeichnung nichts mehr miteinander gemein.

IL TRADIZIONALE

Der richtige Aceto balsamico tradizionale di Modena wird nach strengen Richtlinien in den Provinzen Modena und Reggio nell' Emilia produziert. Nur wenn er bestimmte gesetzliche Vorschriften erfüllt, dann darf der Essig das Wort „Tradizionale" mit sich führen. Der entscheidende Unterschied zwischen einem normalen Weinessig und dem Aceto balsamico tradizionale liegt darin, dass er nicht aus Wein, sondern aus eingekochtem Traubenmost hergestellt wird.

Trebbiano-Trauben – die Grundlage für den köstlichen Aceto Balsamico.

Spezielle Reben und gekochter Most

Der für den Aceto balsamico tradizionale verwendete Most stammt von bestimmten Rebsorten, vor allem von Trebbiano-Trauben. Die Weinstöcke werden speziell zur Essigherstellung angebaut und die Trauben in vollreifem Zustand gelesen, damit sich ihr Zuckergehalt und das Aroma voll entwickelt haben.

Für den echten Aceto balsamico di Modena muss meist ein fürstlicher Preis bezahlt werden. Die zähflüssige Köstlichkeit ist allerdings dafür auch äußerst ergiebig und sparsam im Gebrauch.

Nach dem Pressen muss der Traubensaft einige Stunden gekocht werden; dabei verdampft Flüssigkeit, der Zucker wird konzentriert und der Most erhält seine dunkle Farbe.

Der lange Weg durch viele Fässer

Nun kommt der zweite Schritt: Nach einer Phase der Klärung wird der Most in Fässer gefüllt und – das ist das Besondere – er wandert im Laufe der Jahre durch mehrere Fässer. Dabei

bildet sich das unvergleichliche Aroma, der harmonische Geschmack und die dickflüssige, geschmeidige Konsistenz des echten Aceto balsamico. In Fassbatterien aus mindestens drei, meist aber sechs oder mehr Fässchen aus Hölzern von Eiche, Kastanie, Kirsche, Esche, Maulbeerbaum oder auch Wacholder, die in der Regel immer kleiner werden, findet der Prozess statt: die Vergärung des Zuckers zu Alkohol, die Umsetzung des Alkohols in Essigsäure und die Konzentration der geschmacksgeben den Stoffe. Hefen und Bakterien arbeiten in diesen Fässern sozusagen Hand in Hand. Anfangs überwiegt die alkoholische Gärung, während später die Essigbakterien verstärkt tätig sind.

Der gekochte Most des jüngsten Jahrgangs kommt in das größte Fass. Zunächst wird aber dem kleinsten Fass bis zu einem Fünftel des fertigen Balsamessigs entnommen. Diese Menge wird dann aus dem nächstgrößeren Fass wieder aufgefüllt, das wiederum die entsprechende Menge aus dem Fass darüber erhält – und so geht es weiter, bis eben der neue Most in das erste Fass gefüllt werden kann.

ACHTUNG IMITATION

Neben dem traditionellen Aceto balsamico gibt es eine Fülle von Balsamessigsorten unterschiedlichster Qualität. Manchen von ihnen fehlt der gekochte Most, sie werden aus einfachen Weinen gemacht, und auch die notwendige Lagerung in den Fässern ist nicht immer gewährleistet. Andere wiederum enthalten zwar den eingekochten Traubenmost, zusätzlich aber auch Weinessig. Um aus dem verwirrenden Dschungel der Angebote die guten Produkte heraus zu finden, hilft eigentlich nur probieren. Ein Anhaltspunkt kann außerdem der Preis sein, denn eine sorgfältige Herstellung und eine lange Reifezeit schlägt sich in einem höheren Preis nieder.

Langsame Reifung

Die Fässer haben ein mit einem feinen Tuch abgedecktes Spundloch und sind nur bis zu drei viertel voll, damit die Essigbakterien genügend Luft bekommen. Sie stehen nicht in Kellern, sondern auf Speichern, und die Essige sind somit den hohen Temperaturen im Sommer ebenso wie der winterlichen Kälte ausgesetzt.

Während des langsamen und langen Reifeprozesses verdunstet eine ganze Menge Flüssigkeit – und aus einem Doppelzentner Most erhält man etwa zwei Liter Balsamessig.

Kostbares hat seinen Preis
Übrigens trägt der echte Aceto balsamico keine Altersangabe, schließlich mischen sich in den Fässern immer jüngere mit älteren Essigen. Abgefüllt wird er erst, wenn er die Qualität eines zwölf Jahre alten Aceto balsamessigs hat. Erreicht er die eines mindestens 25 Jahre alten Balsamessigs darf er zusätzlich die Bezeichnung „extra vecchio“ tragen. All dies hat natürlich seinen Preis, und man muss für 100 Milliliter eines Aceto balsamico schon mit 100 DM oder mehr rechnen. Es handelt sich aber um eine der feinsten Delikatessen, die man am besten pur über Fleisch, Schinken, Gemüse oder Parmesan träufelt. Ja sogar zu fruchtig-reifen Erdbeeren passt sie.

Malzessig

Grundlage dieses Essigs ist gemälztes, das heißt gekeimtes und gedarrtes Getreide, aus dem zunächst Bier gebraut und aus diesem wiederum Essig gemacht wird. Malzessig ist eine der ältesten Essigsorten überhaupt. Bereits bei den Ägyptern ist das Bierbrauen belegt – und wenn das Bier sauer wurde, erhielten sie Bier- oder Malzessig. Auch im Mittelalter und bis zum Ende des 18. Jahrhunderts wurden in Deutschland Bieressige hergestellt. Die Essigproduzenten oder besser Essigsieder, wie man sie damals nannte, waren hoch geschätzt. Diese Berufsbezeichnung für Essigmacher leitet sich auch vom Biersieden ab, bei dem das gemälzte Getreide mit Wasser vermischt zur Würze gekocht wurde. Bei uns wurde der Malzessig durch die Branntweinessigproduktion verdrängt und ist deshalb nur in Fachgeschäften erhältlich. In England und in Nordamerika ist Malzessig aber weiterhin äußerst beliebt. Er wird mit Karamell gefärbt, ist daher bräunlich und schmeckt leicht süßlich.

Der süßsaure und aromatische Malzessig ist bei uns etwas in Vergessenheit geraten. Dabei harmoniert er hervorragend mit der südostasiatischen Küche.

Reisessig

Dieser Essig, der aus Reiswein hergestellt wird, hat in der asiatischen Küche eine lange Tradition. Hierzulande wurde Reisessig mit der steigenden Beliebtheit der chinesischen, japanischen, thailändischen Küche bekannt und wird fast in jedem Asienladen oder in den Spezialabteilungen der Supermärkte angeboten. Japanischer Reisessig ist zum Beispiel für die Zubereitung von Sushireis unverzichtbar.

BRAUN ODER WEISS?

Branntweinessig wird als weißer klarer Branntweinessig sowie in brauner Farbe angeboten. Bei dem Letzteren ist Zuckercouleur zugesetzt. Dies ist nicht aus Geschmacksgründen notwendig. Man setzt diesen Farbstoff aber zu, da früher, bedingt durch die Produktionsverfahren mit Buchenholzspänen, Branntweinessig immer gefärbt war und der Verbraucher sich daran gewöhnt hat.

Branntweinessig

Grundlage dieses Essigs ist Branntwein aus Zuckerrüben, aus Kartoffeln oder aus Getreide. Bei der Herstellung wird zunächst der Branntwein mit 96 Volumenprozent Alkohol unter Aufsicht des Zolls mit Essig versetzt, „vergällt" sagt der Fachmann. Dieses Denaturat muss vor der Essigproduktion mit Wasser verdünnt werden, damit die Essigbakterien ihre Arbeit aufnehmen können. Das Ergebnis ist ein Essig, der keinen Eigengeschmack aufweist, vielfältig verwendbar und äußerst preiswert ist. Branntweinessig hat einen Essigsäuregehalt von fünf Prozent und wird gerne zum Einlegen von Gemüse genommen.

Wein-Branntwein-Essig

Es handelt sich hier um eine Mischung aus Weinessig und Branntweinessig im Verhältnis eins zu drei. Auf ein Viertel Weinessig kommen drei Viertel Branntweinessig. Der Essig schmeckt leicht würzig.

Kräuteressig und Fruchtessig

Bei diesen werden einem fertigen Essig Kräuter oder Früchte zugesetzt und der Essig somit aromatisiert. Aber auch der Zusatz von Aromen kann erfolgen. Die Essiggrundlage kann dabei Branntweinessig oder auch Weinessig sein. Da es gerade hier große Qualitätsunterschiede gibt, sollte man genau auf das Etikett sehen und die Zutatenliste lesen, die aussagt, welche Essigbasis Verwendung fand und ob echte Kräuter und Früchte oder Aromen genommen wurden. Die klassischen Vertreter dieser Essigart sind der Estragonessig und der Himbeeressig.

TIPP

Auch wenn es gute Produkte im Handel gibt, es geht nichts über einen selbst aromatisierten Essig mit persönlicher Note. Der Aufwand ist wirklich gering und – vorausgesetzt man verwendet gute Ausgangsprodukte – mit Sicherheit von Erfolg gekrönt.

Essigvielfalt

Essigessenz

Essigessenz – hergestellt aus verdünnter, reiner Essigsäure – sollte man zum Kochen eigentlich nicht verwenden. Ihr Einsatz als preiswertes und wirksamens Reinigungsmittel ist unbestritten, aber zur Verfeinerung von Salaten und Saucen stehen Hobby- wie auch Profiköchen exzellente Gäressige in mittlerweile vielfältigen Geschmacksrichtungen zur Verfügung.

Nur der Vollständigkeit halber sei diese noch erwähnt, denn in einer guten Küche sollte immer dem Gärungsessig der Vorzug gegeben werden. Im Gegensatz zu den bereits genannten Essigen, die durch Vergärung von Alkohol mittels der Essigbakterien entstehen, wird die Essigessenz durch Verdünnung von synthetischer Essigsäure hergestellt. Dabei müssen 100 Milliliter Essigessenz mehr als 15,5 Gramm wasserfreie Essigsäure, dürfen aber höchstens 25 Gramm enthalten. Man verdünnt die Essigessenz vor der Verwendung in der Küche noch einmal.

Essigaufguss

Diesen bereits gewürzten „Essig", der aber auf Grund seines geringeren Säuregehaltes nicht mehr als solcher bezeichnet werden darf, nimmt man zum Einlegen von Gurken oder anderen Gemüsesorten.

Estragonessig

Weinessig selbst gemacht

Übung macht den Meister

Gut Ding will Weile haben

In diesem Kapitel erfahren Sie, wie man einen guten Essig in den eigenen vier Wänden machen kann. Dies kann ein schönes Hobby werden, das nicht nur den Speisezettel bereichert, sondern auch persönliche Geschenke hervorbringt. Wer jedoch bereits nach ein paar Tagen den eigenen Essig in Händen halten will, der wird enttäuscht sein. Man braucht für die Essigproduktion vor allem Geduld und Zeit, denn sie vollzieht sich in großen Teilen für das Auge unsichtbar, und bis der Essig verwendet werden kann, dauert es ein paar Wochen. Die Freude ist dann jedoch um so größer, wenn die Essigsäure bei der ersten Verkostung auf der Zunge das vertraute Kribbeln hinterlässt und man mit Stolz den eigenen Essig vorzeigen kann.

Die eigene Erfahrung – durch nichts zu ersetzen

Leider fällt der Essig anfangs nicht immer so aus, wie Sie es vielleicht erwarten. Das kann, muss aber nicht so sein. Der Grund liegt darin, dass es sich um ein lebendes Produkt handelt, um einen biologischen Prozess, der nur begrenzt beeinflusst werden kann. Je genauer man ihn kennt, je mehr eigene Erfahrung einfließen kann, desto besser wird das Ergebnis sein. Man könnte es in etwa mit der Herstellung eines Hefeteigs vergleichen. Auch da zählt die eigene Erfahrung.

Das erste Mal und vor allem in den ersten Tagen schauen Sie sicherlich mit Ungeduld in das Gärgefäß. Es ist zum Verzweifeln: Sie sehen nichts! Dann taucht die erste ***Kahmhaut*** auf. Es tut sich etwas! Doch, schon melden sich Fragen: Soll das so sein? Sind das wirklich Essigbakterien oder eher Hefen? Ist nun schon etwas Essig daraus geworden? Steht das Gefäß zu kalt, zu warm oder ist die Temperatur richtig? Je öfter Sie Essig selbst herstellen, desto geübter, sicherer und gelassener werden Sie; Sie wissen unter welchen Bedingungen und mit welchen Rohstoffen Ihre Essigbakterien am besten arbeiten und Ihr Essig am besten wird. Glückwunsch also, wenn Ihr Essig bereits beim ersten Mal ein Erfolg wird. Lassen Sie sich jedoch nicht entmutigen, wenn es nicht so ist. Einen guten Essig zu machen, dazu bedarf es einiger Übung, und es ist seit jeher eine Kunst.

Kahmhaut
Die Kahmhaut ist eine durch Mikroorganismen wie Hefe, hefeähnliche Pilze oder Bakterien gebildete Haut auf Flüssigkeiten.

DIE WICHTIGSTEN ZUTATEN UND GERÄTE

Damit beim ersten Mal so wenig wie möglich schief geht, hier die wichtigsten Informationen. Neben ausreichend Zeit und einigen Kenntnissen benötigt der Hobbyessigsieder natürlich Zutaten und Gerätschaften. Das sind im Wesentlichen:

- *eine alkoholhaltige Flüssigkeit,*
- *geeignete Gefäße, in denen sich die Umwandlung von Alkohol zu Essigsäure vollziehen kann, und einige wenige andere Utensilien,*
- *die Essigbakterien,*
- *einen warmen Ort und*
- *ausreichende Sauerstoffzufuhr.*

Das beste Verfahren

Als Methode kommt für den Hausgebrauch nur das Oberflächenverfahren in Frage, alle anderen Essigproduktionsmethoden (siehe Seite 12 ff.) sind zu aufwendig und unter den Bedingungen im häuslichen Bereich, mit dem doch mehr oder weniger begrenzten Platzangebot, nicht durchführbar. Mit der hier beschriebenen Art und Weise können Sie aber auf jeden Fall ausreichend Essig für den eigenen Bedarf oder zum Verschenken herstellen. Fürs Einlegen und Zubereiten von Chutneys sowie Relishes kann man bei Bedarf Essig zukaufen.

Die Wahl der Essigbasis

TIPP

Der Ausgangswein für Ihre Essigproduktion sollte auf jeden Fall einwandfrei sein und ein schönes Aroma haben. Auch ein leicht essigstichiger Wein kann verwendet werden. Nicht geeignet sind dagegen verdorbene, verschimmelte oder nur leicht alkoholhaltige Getränke.

Ausgangsprodukt für die Essigherstellung ist eine alkoholhaltige Flüssigkeit oder – geht man noch eine Prozess-Stufe weiter zurück – ein Most, das heißt ein Obstsaft, bei dem die alkoholische Gärung noch nicht eingesetzt hat. Im Universallexikon der Kochkunst, 1897 in Leipzig erschienen, kann man hierzu nachlesen: „Man stellt Essig her aus Wein, aus Branntwein oder Weingeist, aus Malz oder Bierwürze, aus sauer gewordenem Bier, aus Obstweinen, zerquetschtem reifen oder halbreifem Obst, unreif gebliebenen Weintrauben, Runkelrüben- oder Möhrensaft, Honig, Zuckersirup, gefrorenen Kartoffeln." All diese Flüssigkeiten und Zutaten werden sich sicher – auf die eine oder andere Weise vorbereitet – zur Essigherstellung eignen.

Wein – das beste Ausgangsprodukt

Für die Essigproduktion in den eigenen vier Wänden sind jedoch in erster Linie Weine empfehlenswert. Hier kommen natürlich Traubenweine – sowohl weiße als auch rote – in Frage, aber auch Obstweine, wie zum Beispiel Johannisbeerwein, Apfelwein oder andere Beerenweine.

VOM SELBST GEMACHTEN WEIN ZUM SELBST GEMACHTEN ESSIG?

Häufig wird, und dies vor allem beim Apfelessig, die Herstellung ausgehend vom Apfelmost beschrieben. Das heißt, zuerst muss der Most zu Apfelwein und dann im zweiten Schritt der Apfelwein zu Apfelessig vergoren werden. Man sollte sich aber auf die zweite Phase beschränken und die Herstellung der alkoholhaltigen Flüssigkeit Profis überlassen. Zwar ist die Weinbereitung im häuslichen Bereich durchaus möglich, und wer darin bereits Erfahrung gesammelt hat und erfolgreich war, kann natürlich die eigenen Weine zur Essigherstellung heranziehen. Wer jedoch hierin Laie ist, tut besser daran, einen fertigen Wein zu kaufen.

Bitte möglichst schwefelfrei

Eines ist vor allem wichtig. Der Wein darf möglichst wenig Schwefel aufweisen, denn dieser schadet den Essigbakterien. Aus diesem Grund sind trockene Weine süffigen mit großer Süße vorzuziehen. Gut, wer einen Winzer kennt und ihm erklären kann, wozu der Wein gebraucht wird. Der Fachmann kann eventuell einen ungeschwefelten Wein zur Verfügung stellen oder einen Wein aus seinem Sortiment empfehlen, der nur schwach geschwefelt ist und wenig freien Schwefel enthält.

Der Schwefel dient übrigens generell der Haltbarmachung des Weines und ist daher fast in jeder Flasche Wein, auch in jenen aus der so genannten biologischen Erzeugung, zu finden.

Einfluss der Rebsorte

Die Wahl der Weinsorte ist eine persönliche und geschmackliche Entscheidung. Da am häufigsten ein Weinessig in der Küche benötigt wird, ist ein Traubenwein – sozusagen für den Basisessig – empfehlenswert. Bei den Weißweinen bieten sich zum Beispiel ein Riesling oder ein Morio-Muskat an, aber auch ein Silvaner, ein Rivaner oder Kerner bringen sehr gute Ergeb-

TIPP

Natürlich lassen sich auch Weinreste zu Essig verarbeiten. Stehen sie allerdings zu lange offen, sollte man sie bis auf etwa 60 °C erhitzen, so dass eventuell vorhandene störende Mikroorganismen abgetötet werden.

nisse. Rotweine, sei es ein Spätburgunder oder ein Portugieser aus deutschen Landen oder ein kräftiger Franzose oder Italiener, sind ebenfalls zur Essigproduktion geeignet. Da die Weine ihr typisches Aroma an den Essig weitergeben, ist dieses ein wichtiges Kriterium für die Auswahl des Weins. Und dabei gilt für die Essigproduktion dasselbe wie für eine gute Küche: Aus minderwertigen Zutaten kann kein erstklassiges Endprodukt werden, aus einem schlechten Wein also auch kein guter Essig. Und hier zu sparen, wäre wirklich falsch.

DAS AUSGANGSPRODUKT

Einwandfreier, guter und schwefelarmer Wein (Preis abhängig von Lage, Alter, Qualität etc.). Es genügen etwa zwei Liter.

Die Utensilien

Geräte für die Essigproduktion

Die Gerätschaften, die notwendig sind, um Essig herzustellen, sind nicht allzu viele. Da Essig die Oberfläche verschiedener Materialien angreift und Metalle auslösen kann, ist nicht alles zur Essigzubereitung geeignet.

Es kommen nur Glas, Holz, glasiertes Steingut in Frage, Letzteres darf aber keine bleihaltigen Glasuren haben. Dies ist jedoch bei so manchem Urlaubsmitbringsel nicht immer gewährleistet. Im Zweifelsfall deshalb immer nachfragen oder, falls dies nicht mehr möglich ist, in diesem Gefäß keinen Essig machen. Auch Kunststoff ist geeignet, allerdings muss er lebensmittelecht und säurebeständig sein. Auf keinen Fall dürfen Gefäße aus Kupfer, Zinn, Eisen, Messing oder Kautschuk genommen werden, da diese nicht säurebeständig sind.

Das Gefäß

Am wichtigsten ist natürlich das Gefäß, in dem der Wein zu Essig vergoren wird. Erstes Kriterium für die Auswahl der Behälter ist, dass sie dem Wein ermöglichen, eine große Oberfläche zu bilden, so dass die Essigbakterien mit möglichst viel Sauerstoff in Verbindung kommen können. Je größer das Verhältnis der freien Oberfläche zum Volumen des Weins ist, um so besser und rascher erfolgt die Versäuerung. Das zweite Kriterium: eine Öffnung, durch die eine ausreichende Luftzufuhr gewährleistet ist und durch die natürlich der Wein in das Gefäß und – sofern kein Hähnchen vorhanden ist – der Essig wieder herauskommt.

Glasballonflaschen ...

... haben sich für den Haushaltsbereich sehr gut bewährt. Sie sind nicht nur leicht zu beschaffen, man findet sie zum Beispiel in Drogerien, sondern auch gut zu reinigen und nicht zuletzt relativ günstig. Optimal sind Flaschen mit fünf bis zehn Liter Inhalt. Die Mengen, die darin erzeugt werden können, reichen für den Privathaushalt; nimmt man größere Flaschen, sind diese recht schwer und nicht mehr so gut zu handhaben. Wer erst ein-

TIPP

Auch große alte Bonbongläser bieten sich als Gefäße zur Essigherstellung an, ebenso Steinguttöpfe, die allerdings nicht schmal und hoch, sondern eher breit und bauchig sein sollten.

mal mit einer kleineren Menge beginnen will, kann auch eine bauchige Zweiliterflasche nehmen, in der häufig italienische Weine auf den Markt kommen.

Bewährt haben sich auch kleine Kunststoffbehälter, die lebensmittelecht sein müssen. Sie sind leichter als Glas und sehr gut zu reinigen.

Holzfässer ...

... sind für den Haushalt nicht geeignet. Sie sehen zwar ausgesprochen schön und professionell aus. Doch selbst kleine Fässer nehmen bereits eine Menge Platz in Anspruch – und die Keller, in denen sie gelagert werden müssten, weisen meist nicht die richtige Temperatur auf. Fässer sind außerdem ziemlich schwer und müssen immer fachmännisch gepflegt und gereinigt werden.

Gefäße mit Ablaufhahn ...

... kurz über dem Gefäßboden sind äußerst praktisch, um so den fertigen Essig einfacher entnehmen zu können. Vor allem ist dies für jene empfehlenswert, die den Essig mit Hilfe einer Essigmutter produzieren. Üblich sind Hähnchen natürlich bei Fässern und bei manchen Kunststoffbehältern. Auch einige Töpfereien stellen extra zum Zwecke der Essigherstellung hübsche Gefäße her.

Hübsch anzusehen und gleichermaßen praktisch: Gefäße mit Ablaufhahn.

Die wichtigsten Utensilien auf einen Blick.

Was Sie sonst noch brauchen

Um die Behälter luftdurchlässig zu verschließen, benötigt man Küchentücher aus Papier oder feinmaschigem Gardinenstoff und Gummiringe. Manche Kunststoffgefäße haben auch einen Schraubdeckel, in den man die Abdeckung einklemmen kann.

Dann benötigen Sie noch einen großen Trichter. Diesen braucht man, um den Wein in die Gefäße zu geben oder um den fertigen Essig abzufüllen. Darüber hinaus ist ein Thermometer hilfreich und, sofern kein ausreichend warmer Raum zur Verfügung steht, Material zum Isolieren der Behälter, wie zum Beispiel Styroporkugeln, -platten oder anderes Isoliermaterial. Zum Abfiltern benötigt man ein ausreichend großes Sieb, am besten ein Spitzsieb, denn in dieses kann man Filterpapier – entweder Faltenfilter aus der Apotheke oder Kaffeefilter – stecken.

Um den Verlauf der Essigsäurebildung zu verfolgen, müssen immer kleine Mengen entnommen werden. Hier ist eine Pipette hilfreich, die in einem Fachgeschäft für Laborbedarf besorgt werden kann. Und alle, die das Ganze genauer untersuchen wollen, benötigen ein Analysenset zur exakten Säurebestimmung.

Zum Reinigen der Gärgefäße nimmt man am besten eine Bürste. Für Glasballonflaschen gibt es dazu spezielle Bürsten, die sich der Rundung anpassen. Und nicht zu vergessen: hübsche Flaschen und Etiketten für den fertigen Essig.

Der Großteil der Geräte und Materialien, die Sie zur Essigbereitung benötigen, dürften in den meisten Haushalten bereits vorhanden sein.

DIE UTENSILIEN IM ÜBERBLICK

- ❑ *Gärbehälter, empfehlenswert ist ein Glasballon oder Kunst-stoffbehälter, der fünf bis zehn Liter fasst (ca. 40 DM);*
- ❑ *Küchentücher beziehungsweise Gardinenstoff und Gummiringe ;*
- ❑ *Trichter (ab ca. 7 DM);*
- ❑ *Thermometer (Preis je nach Ausstattung);*
- ❑ *Spitzsieb (Preis je nach Ausstattung);*
- ❑ *Kaffeefilter oder Faltenfilter aus der Apotheke;*
- ❑ *Pipette (ca. 10 DM) ;*
- ❑ *eventuell Set zur Säurebestimmung (ca. 35 DM);*
- ❑ *Bürsten zum Reinigen der Flaschen und Gärgefäße (ca. 30 DM);*
- ❑ *Flaschen für den fertigen Essig (Preis je nach Qualität und Form);*
- ❑ *Etiketten.*

Die Essigbakterien

Der Wein ist ausgewählt, die Gefäße sind besorgt – nun können die Essigbakterien ans Werk gehen. Doch wie lockt man diese nützlichen kleinen Produzenten in die eigenen vier Wände und bringt sie dann zum Arbeiten?

Essigbakterien in der Luft

Nichts leichter als das, so könnte man denken, kommen sie doch praktisch überall vor. Sie sind in der Luft, auf Obst und werden zum Beispiel durch die Essigfliegen und deren Larven übertragen. Da die Bakterien Wärme lieben, stellt man am besten ein Gefäß mit leicht verdünntem Wein in die Sonne und wartet ab. Nach einigen Tagen müsste das Anlocken geklappt haben; das Gefäß wird mit einem Küchentuch oder einem Stück Gardine abgedeckt und der Wein sich selbst überlassen.

Etwa nach einer Woche sollte ein dünner Film auf der Flüssigkeit zu sehen sein, der sich im Laufe der Zeit verdicken kann, und das Ganze sollte etwas nach Klebstoff und Essig riechen. Sind Sie sich unsicher, dann lassen Sie alles einfach weiter stehen und überprüfen es von Zeit zu Zeit. Vielleicht erhalten Sie auf diesem Weg sogar eine dicke Essigmutter, die auf dem Essig schwimmt. Wenn allerdings auch nach vier Wochen nichts zu sehen ist und das Ganze nicht nach Essig, sondern nur schal oder ganz schwach sauer schmeckt, ist der Versuch misslungen.

TIPP

Ist aus dem Wein ein guter Essig geworden, dann sollten Sie mit einem Teil dieses Essigs beziehungsweise mit der Essigmutter immer wieder neu Essig produzieren (siehe Seite 63).

Ungeliebte Gäste?

Auch kann es natürlich passieren, dass sich nicht nur Essigbakterien, sondern auch Hefen auf dem Wein niederlassen und sich vermehren. Das sieht man recht deutlich – allerdings erst nach einiger Zeit. Es bildet sich dann keine glatte Haut, sondern eher ein weißer pudriger, manchmal faltiger Überzug, und es riecht eindeutig nach Hefe. Anfangs ist es mit dem bloßen Auge nicht zu erkennen, ob es sich bei der dünnen Kahmhaut um Essigbakterien oder Hefen handelt. Man muss also abwarten. Hat man allerdings Hefen statt Essigbakterien im Glas, muss man das Ganze wegwerfen, das Gefäß sehr gut und sehr heiß auswaschen und am besten noch einmal gründlich mit Essig ausreiben, bevor man den erneuten Versuch startet, die Essigbakterien anzulocken. Man sollte dann sicherheitshalber einen anderen Wein nehmen, vielleicht war der erste zu schwefelreich oder – da die Bakterien etwas Säure lieben – dem verdünnten Wein etwas Essig zugeben.

Leider hat man nicht immer mit der „Anlock-Methode“ Glück. Im Sommer oder in einem goldenen Herbst und wenn Sie in einer Obst- oder Weinbaugegend wohnen, ist der Erfolg am größten. Hier sind die Essigbakterien sozusagen heimisch. In einer Stadtwohnung oder in der kälteren Jahreszeit fällt es den Essigbakterien dagegen schwer, sich niederzulassen, und es ist sicherer, eine gewisse Menge Essigbakterien zu kaufen und in den Wein zu mischen.

TIPP

Handelsüblicher Essig lässt sich zur Essigproduktion leider meist nicht verwenden; dieser ist in der Regel pasteurisiert und enthält keine Essigbakterien mehr.

Bakterien aus der Flasche

Den Wein gezielt mit Essigbakterien anzureichern, hat nicht nur den Vorteil, dass auf einmal sehr viele Bakterien ans Werk gehen können und damit die Erfolgschancen, einen guten Essig zu produzieren, wesentlich steigen, sondern, dass es sich auch um eine ausgewählte Essigbakterienspezies handelt.

Die Essigsäurebakterien bekommt man in der Apotheke unter dem Namen Essigmutter in einem kleinen Fläschchen oder kann sie bestellen (Adressen Seite 141). Diese Essigbakterien schwimmen in einer Flüssigkeit und müssen nur einmal angeschafft werden, denn bei einer kontinuierlichen Essigproduktion werden immer ausreichend Bakterien am Leben erhalten. Es ist am besten, die Essigbakterien immer erst kurz vor der Verwendung zu kaufen, zwar sind manche in eine Art „Ruhe" versetzt, aber andere benötigen sofort Sauerstoff und Nahrung. Im Zweifelsfall beim Kauf nachfragen. Auch bei einem Essigfabrikationsbetrieb können unter Umständen Essigbakterien besorgt werden. Man erhält hier Flüssigkeit, die sich in der Gärung befindet und somit viele aktive Essigbakterien enthält, die ebenfalls sofort versorgt werden müssen.

Die Essigmutter

Im Gegensatz zu den frei schwimmenden Essigbakterien kann man das, was man gemeinhin als Essigmutter bezeichnet, in der Regel nicht kaufen. Man bekommt sie zufällig, deshalb Augen und Ohren offen halten und einfach herumfragen. Manchmal findet man sie bei Bauern, bei experimentierfreudigen Köchen oder auch in Geschäften, die losen Essig verkaufen. Eine Garantie, dass Sie eine Essigmutter bei den genannten Stellen erhalten, gibt es jedoch nicht.

Ein „Kind" ganz spezieller Bakterien

Eine Essigmutter besteht natürlich auch aus Essigbakterien, aber aus einer Spezies, die mehr Schleim bildet und sich gallertartig verdichtet. Diese Schicht kann richtig dick und sulzartig sein, sie schwimmt auf der Oberfläche des Weins und sieht für manche etwas abstoßend aus – erinnert sie doch, vor allem bei Essigmüttern von Rotweinen, an fleischiges Gewebe. Faszinierend sind die sauren Mütter jedoch allemal; denn im Ge-

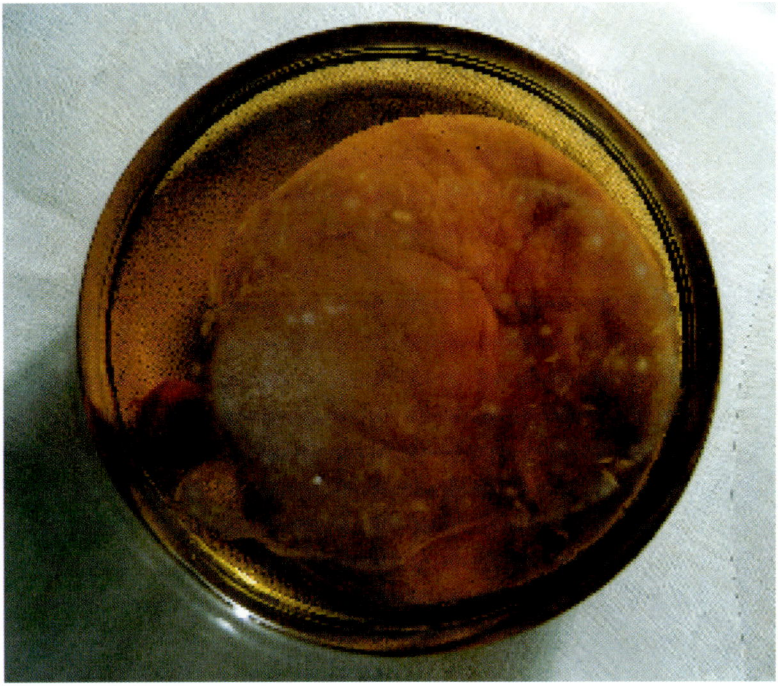

Ein wahres Wunder der Natur: die Essigmutter.

gensatz zu den frei schwimmenden Essigbakterien, die nur unter einem Mikroskop oder durch die dünne Kahmhaut, die sie bilden, für uns sichtbar sind, kann man das Wachstum einer Essigmutter verfolgen. Man kann nur darüber staunen, wie sich aus Bakterienmasse so große, feste Häute bilden können.

Aber auch bei den Essigmüttern gibt es Qualitätsunterschiede und nicht alle machen einen guten Essig. Hinzu kommt, dass sie etwas mehr Pflege benötigen und beispielsweise alte, inaktive Schichten immer wieder abgetrennt werden müssen. Wenn Sie an eine gute Essigmutter kommen – man kann problemlos davon ein Stück abschneiden – sollten Sie es ausprobieren. Es ist einfach spannend, diesen „Müttern“ bei der Arbeit zuzusehen.

OHNE SIE LÄUFT GAR NICHTS

Essigbakterien: Man benötigt anfangs 100 Milliliter (Preis etwa 10 DM) oder ein Stück Essigmutter.

Vom Wein zum Essig – wie funktioniert's?

Für die nachfolgend beschriebene Art der Essigherstellung nimmt man eine gekaufte Essigbakterienkultur oder gärende Flüssigkeit eines Essigherstellungsbetriebs. Bekommt man ein Stück von einer Essigmutter, so gelten dafür in manchen Punkten gleiche Bedingungen, jedoch nicht in allen. Die Besonderheiten, die zu beachten sind, finden Sie ab Seite 66.

Essig machen – Schritt für Schritt

Gärbehälter säubern

Bevor man sich an die Essigproduktion begibt, muss das Gärgefäß vorbereitet werden. Dazu spült man es ganz normal aus und mit heißem klarem Wasser nach. Anschließend lässt man es gut trocknen.

Wein verdünnen

Die Essigbakterien werden nun zum Wein gegeben, allerdings muss man diesen in der Regel mit Wasser verdünnen. Dabei gilt, sechs bis acht Voumenprozent Alkohol im Ausgangsprodukt sind wünschenswert, denn bei hohem Alkoholgehalt wird der Essig nur sehr langsam gebildet und auch saurer. Obstweine mit sechs bis zehn Voumenprozent Alkohol kann man pur verwenden, im Gegensatz zu den Weiß- und Rotweinen. Ihr Alkoholgehalt liegt meist zwischen 9 und 13 Voumenprozent. Sie müssen mit Wasser verdünnt werden (siehe auch Kasten Seite 61 oben).

TIPP

In Flaschen abgefüllter Wein kann direkt zur Essigherstellung verwendet werden; man sollte nur aufpassen, dass keine Korkenstücke in das Gärgefäß kommen.

Die Temperatur

Wein und Wasser, die man zusammen gibt, sollten etwa 25 bis 28 °C warm sein. Das ist weniger als die Körpertemperatur, also nur leicht lauwarm. Die Temperatur lässt sich auch mit einem Thermometer überprüfen. Hierzu können Sie ein preisgünstiges Badethermometer zweckentfremden, das natürlich sauber sein muss.

Bakterien ansetzen

Wein und Wasser werden nun mit der Bakterienkultur in das Gärgefäß gegeben und gründlich geschüttelt. 100 Milliliter Kultur reichen für einen Liter Gärflüssigkeit aus. Noch sicherer ist

WIEVIEL WEIN AUF WIEVIEL WASSER

In welchem Verhältnis Wein mit Wasser verdünnt werden muß, lässt sich über einen einfachen Dreisatz errechnen. Will man einen Liter Wein mit 11 Volumenprozent auf etwa sieben Volumenprozent verdünnen, so lautet die Gleichung
(7 Vol.-% x 1000 ml) : 11 Vol.-% = 636 ml.

Das heißt auf 636 Milliliter Wein kommen 364 Milliliter Wasser. So akribisch genau wie die Rechnung muss die Mischung nicht sein, denn die Essigbakterien vertragen auch höhere und schwächere Alkoholkonzentrationen. Der Essig wird dann nur entsprechend schwächer oder stärker. Es genügt vollkommen, wenn man weiß, dass der Wein mit etwa 60 bis 70 Prozent Wasser verdünnt wird. Bei leichteren Weinen kann das etwas weniger sein, bei stärkeren mehr. In unserem Beispiel würde man auf die „100er" auf- und abrunden und 600 Milliliter Wein mit 400 Milliliter Wasser verdünnen.

TIPP

Weinreste oder offene Weine direkt vom Erzeuger sollten Sie für die Essigproduktion bis knapp unter den Siedepunkt erhitzen, damit unerwünschte Mikroorganismen abgetötet werden. Danach muss der Wein wieder abkühlen.

es allerdings beim ersten Mal, mit weniger Flüssigkeit zu beginnen, so dass sich die Bakterien an die neue Umgebung, sprich den Wein, gewöhnen und stark vermehren können. Dazu nimmt man einen halben Liter Gärflüssigkeit (etwa 300 Milliliter Wein und 200 Milliliter Wasser) oder einen halben Liter niedrigprozentigen Obstwein und mischt beides zusammen mit den Bakterien in einem kleineren Gefäß.

Gut abdecken

Das Gefäß wird nun mit Papierküchentüchern, einem Gardinenstoff oder einem dichten Kunststoffnetz abgedeckt, um den „werdenden" Essig vor Essigfliegen, die auch nicht erwünschte Mikroorganismen übertragen, zu schützen. Luft muss jedoch hindurch treten können. Die Abdeckung wird mit einem Gummiring befestigt.

Auf die Temperatur achten

Und jetzt sind die Bakterien dran. Allerdings haben auch wir etwas zu tun. Zum einen müssen wir für eine optimale Arbeitstemperatur sorgen, die für die Bakterien bei 22 bis 28 °C liegt. Das ist im Sommer kein Problem, man lässt das Gärgefäß einfach in der warmen Wohnung stehen. Doch muss man darauf achten, dass es nicht direkt von der Sonne beschienen wird. Dann kann nämlich die Temperatur im Inneren des Gefäßes recht leicht auf weit über 30 °C steigen. Das geht sehr schnell, zumal dann, wenn es sich um einen Glasballon handelt. Und sogar die ersten Frühlingssonnenstrahlen können bei Direktbestrahlung dem Versuch ein frühes Ende setzen. Im Winter kommt das Gärgefäß in einen beheizten Raum. Schwieriger ist es im Frühling und im Herbst, wenn die Außentemperaturen höher sind als die Temperaturen im Innern der Wohnung, weil die Temperaturfühler der Heizungen diese automatisch regeln.

ESSIGBAKTERIEN LIEBEN GLEICHMÄSSIGE TEMPERATUREN

Große Temperaturschwankungen mögen die Bakterien überhaupt nicht; sie brauchen einigermaßen konstante Temperaturen. Entweder man stellt dann den Essig in einen warmen Heizungsraum oder schafft sich einen kleinen Radiator oder einen Heizlüfter an. Eine weitere Möglichkeit ist es, die Behälter einzupacken. Dazu kann man sie in einen Karton setzen und den Zwischenraum mit Isoliermaterial füllen. Die Essigbakterien produzieren nämlich neben der Essigsäure auch Wärme. Ein sehr kalter, trockener Kellerraum, zum Lagern von Lebensmitteln zwar ideal, ist für die Essigproduktion ungeeignet.

Einigermaßen konstante Umgebungstemperaturen und genügend Sauerstoff sind wichtige Voraussetzungen für die erfolgreiche Essigproduktion.

Für frische Luft sorgen

Die Bakterien benötigen Sauerstoff, damit sie den Alkohol zu Essig umwandeln können. In der Regel reicht die Menge Sauerstoff, die über die Oberfläche streicht, aus. Ist die Öffnung des Gärgefäßes klein, so kann man die Flasche ab und zu ganz vorsichtig schwenken, so dass die Bakterien mit mehr Sauerstoff in Kontakt kommen.

Gelungener Start?

Nach etwa ein- bis eineinhalb Wochen bildet sich auf der Flüssigkeit eine hauchdünne, pergamentartige weiße Haut, die Kahmhaut. Es riecht stark nach Klebstoff (ein Zwischenprodukt bei der Essigsäurebildung siehe Seite 20), und wenn man das Ganze probiert – nur keine Scheu – müsste es bereits ein wenig nach Essig schmecken. Dieser Essigton wird immer stärker; und wenn Sie eine kräftige Säure schmecken, so etwa nach zwei Wochen, ist dieser Starteressig bereit, um weiterverwendet zu werden. Hat sich bis jetzt kein bisschen Essigsäure gebildet, die Sie schmecken, so war wahrscheinlich der verwendete Wein zu schwefelreich. Dann sollten Sie einen anderen Wein wählen und einen neuen Ansatz vorbereiten.

Mehr und mehr Essig produzieren

Mit dieser stark vermehrten Bakterienkultur im Starteressig können nun größere Mengen Wein-Wasser-Mischung „beimpft" werden. Man rechnet dabei mindestens 100 Milliliter auf einen Liter verdünnten Wein.

Nun werden größere Gärgefäße mit Wein und Wasser gefüllt. Dabei sollte die Oberfläche der Flüssigkeit so groß wie möglich sein. Das heißt, bauchige Flaschen können nicht viel mehr als bis zur Hälfte gefüllt werden, geradwandige weite Gefäße höchstens bis zur Hälfte. In einem Fünfliterballon haben etwa zweieinhalb bis drei Liter Flüssigkeit Platz, die mit der Starterkultur gemischt werden. Am besten nimmt man die ganze produzierte Starteressigmenge.

Die Gefäße werden wie beschrieben luftdurchlässig abgedeckt und an einen warmen Ort gestellt (oder eingepackt). Ab und zu kann man das Gärgefäß schwenken, sollte aber aufpassen, da sich Bakterien an der Oberfläche befinden und bei zu heftigem Bewegen absinken und damit inaktiv werden können.

Wenn der Essig fertig und zum Abfiltern bereit ist, dann lassen Sie einfach einen kleinen Rest davon im Gärgefäß, dieses ist die neue Starterkultur. So einfach lässt sich die Essigproduktion am Leben erhalten. Es ist aber auch möglich, aus dem in Gärung befindlichen Essig eine gewisse Menge zu entnehmen, diese mit derselben Menge neuem, eventuell verdünnten Wein zu mischen und somit eine neue Essigproduktion ins Leben zu rufen.

Übrigens können die Bakterienkulturen nach einer gewissen Zeit, das heißt je länger die Bakterienkultur weitervermehrt wird, auch „verschleimen" und eine dicke Essigmutter auf der Oberfläche bilden.

Der fertige Essig

Bis der Alkohol vollständig zu Essig umgesetzt wird, braucht man Geduld und Zeit. Das hängt von der Außentemperatur, von der Bakterienkultur, dem Alkoholgehalt des Weins und vielem anderen mehr ab. Meist dauert das Ganze drei bis sechs

TIPP

Für das Beimpfen der Wein-Wasser-Mischung schlage ich vor, das Doppelte der allgemeinen Empfehlung von 100 Milliliter pro Liter verdünntem Wein zu nehmen. Denn das schadet nicht, weder dem Essig noch der Gesundheit. Im Gegenteil – um so schneller und sicherer kommt die Essigproduktion in Gang.

Wochen, es kann allerdings auch bereits nach zwei Wochen der Fall sein oder sich über mehrere Monate hinziehen. Aktivere Phasen können sich mit Phasen, in denen „wenig passiert" abwechseln. Meist verläuft die Essigsäuregärung anfangs schneller, die restlichen fünf bis zehn Gramm Alkohol bauen sich dann langsamer ab.

Entnahme der Essigprobe

Die Säurebildung kann und sollte man prüfen, indem man den Essig von Zeit zu Zeit verkostet. Dazu gießt man vorsichtig etwas Essig aus der Flasche, so dass die Bakterienhaut auf der Oberfläche schwimmen bleibt. Besser ist die Verwendung einer Pipette. Man neigt das Gefäß einfach etwas zur Seite, so dass die Kahmhaut zur Seite schwimmt. Die Essigprobe kann nun an der Seite des Gärgefäßes mit der Pipette entnommen werden. Je nach Größe der Pipette muss man eventuell mehrmals Flüssigkeit entnehmen, um eine entsprechende Menge verkosten zu können.

TIPP

Mit einem Starteressig können Sie mehrere Essige nebeneinander ansetzen, denn durch die Auswahl des Weins für die Starterkultur sind Sie nicht gebunden. So kann eine „weiße" Starterkultur auch für Rotweinessig verwendet werden.

Die Zunge ist ein guter Indikator, ...

... ob der Essig reif zur Verwendung ist oder noch etwas Zeit braucht. Je häufiger man diese Proben durchführt, desto sensibler wird man schmecken. Weitere und wichtige Kennzeichen, dass die Essigsäuregärung dem Ende zugeht, sind das Absinken der Bakterienhaut und das langsame Verschwinden des Klebstoffgeruchs. Das Aroma des verwendeten Weins tritt nun zum Vorschein.

Chemisch gesehen ist der Essig fertig, wenn der gesamte Alkohol in Essigsäure umgewandelt wurde. Und den Gehalt an Essigsäure und Alkohol kann man analytisch bestimmen (siehe Seite 70 bis 71). Für den eigenen Gebrauch reicht aber in der Regel der Geschmackstest. Letztlich ist es nämlich unerheblich, ob der Essig noch ein klein wenig Restalkohol hat. Wenn Ihnen der Essig schmeckt, können Sie ihn verwenden. Es kommt nur darauf an, ob Ihnen die Geschmacksnote zusagt.

Den Essig abfiltern und eventuell nachgären lassen

Der Essig ist zwar fertig, aber noch trüb. Deshalb muss er gefiltert werden. Zu diesem Zweck nimmt man einen Kaffeefilter oder einen Faltenfilter aus der Apotheke, der etwas größer ist, und gießt den fertigen Essig hindurch. Verschließen Sie ihn zunächst nur leicht, da er unter Umständen noch nachgärt.

Der gefilterte Essig ist dann schon ein wenig klarer, aber nicht durchsichtig. Man füllt ihn in saubere, trockene Flaschen ab (Flaschen vorher spülen und mit klarem Wasser nachspülen) und verschließt diese wieder mit Papiertüchern. Der Essig kann nämlich, ist noch etwas Restalkohol vorhanden, nach dem Abfüllen nachgären. Sogar eine zarte Bakterienhaut kann sich noch einmal bilden.

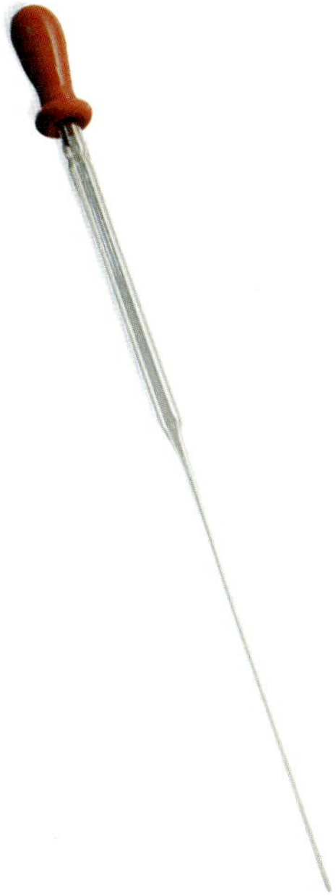

Die Flaschen stellt man für ein paar Wochen an einen kühlen Ort. In dieser Zeit sinken die abgestorbenen Bakterien und andere Stoffe nach unten. Der Essig klärt sich mehr und mehr. Außerdem bildet sich ein Bodensatz, und der Geschmack des Essigs entwickelt sich und wird runder.

Den Essig abfüllen

Nach dieser Zeit wird der Essig nochmals gefiltert. Dabei die Flüssigkeit so vorsichtig abgießen, dass der Bodensatz nicht mehr aufgewirbelt wird. Dieser wird weggeworfen. Allerdings bleibt der Essig unter diesen haushaltsüblichen Filterbedingungen immer etwas trüb. Erst bei kostenaufwendigeren Methoden, wie zum Beispiel Schichtenfilter, erhält man einen klaren Essig.

Der fertige Essig kommt nun in kleine saubere Flaschen, die zuvor mit kochend heißem Wasser noch einmal ausgespült und getrocknet werden. Die Flaschen werden randvoll gefüllt und gut verschlossen, am besten mit einem Korken. Es darf nur ganz wenig Luft in der Flasche sein, sonst können sich eventuell Essigbakterien entwickeln, die den Essig auch zersetzen können (siehe Seite 72 ff.). Der abgefüllte Essig wird an einem kühlen, dunklen, trockenen Ort gelagert.

TIPP

Nicht vergessen: An den nächsten Essig denken! Lassen Sie beim Abfiltern des Essigs einen Rest, etwa zwei Finger breit, im Gefäß zurück.

DIE ESSIGBEREITUNG IM ÜBERBLICK

- ☐ *Gärbehälter säubern;*
- ☐ *eventuell Wein verdünnen;*
- ☐ *Essigbakterien mit einem halben Liter (verdünntem) Wein mischen;*
- ☐ *Essigbakterien vermehren, dabei auf die Temperatur achten;*
- ☐ *Starteressig mit zweieinhalb bis drei Liter (verdünntem) Wein mischen;*
- ☐ *Essiggärung verfolgen (Kahmhaut, Geruch, Säure);*
- ☐ *Essig abfiltern und eventuell nachgären lassen;*
- ☐ *Essig abfüllen.*

Wenn Essigmütter Essig machen – Besonderheiten

Obwohl auch Essigmütter eigentlich nur eine Ansammlung von Essigbakterien sind, muss man sie in einigen wenigen Punkten anders behandeln als die „frei schwimmenden" Spezies. Deshalb hier das Wichtigste.

Gärbehälter säubern und Wein verdünnen

Auch Essigmütter wünschen ein sauberes Gärgefäß und einen Wein mit sechs bis acht Volumenprozent Alkohol, der deshalb gegebenenfalls wie auf Seite 60 f. beschrieben verdünnt werden muss. Als Gärgefäß bieten sich anstelle der Flaschen mit dem doch engen Hals eher breite Ton- oder Glasgefäße an. Gut eignen sich zum Beispiel alte Bonbongläser oder Kunststoffbehälter. Die breiten Öffnungen sind von Vorteil, die Essigmutter kann dann problemlos herausgehoben werden.

Kultur ansetzen

Das Stück Essigmutter wird einfach in den verdünnten Wein gelegt. Wer mag, das ist aber nicht unbedingt notwendig, gibt noch einen kleinen Schuss Essig hinzu, um für die Essigmutter leicht saure Bedingungen zu schaffen. Das ist schon alles.

Am besten wäre es natürlich, wenn man das Stück Essigmutter so auf die Flüssigkeit setzen könnte, dass es oben schwimmt und gleich aktiv werden kann. Das funktioniert aber selten. Denn man müsste die Essigmutter so vorsichtig vom bereits fertigen Essig abnehmen, dass sie sich nicht mit Flüssigkeit vollsaugen kann. Auch einen eventuellen Transport sollte sie so schadlos überstehen. Wie gut, dass ein Stück Essigmutter, einfach in Flüssigkeit gelegt, recht schnell die Bildung einer neuen aktiven Bakterienhaut anregt, welche dann an der Oberfläche schwimmt.

Wie viel Mutter auf wie viel Wein?
Dazu gibt es keine exakten Angaben; aber auch hier gilt natürlich: je mehr Bakterien, desto schneller geht es. Das wiederum hängt gleichfalls von der Leistungsfähigkeit der Bakterienmutter ab. Ein handtellergroßes Stück Essigmutter reicht nach meiner Erfahrung für eineinhalb bis zwei Liter Flüssigkeit aus.

Das Gärgefäß wird ebenfalls mit einem Küchentuch oder einem Gardinenstoff verschlossen, so dass zwar genügend Luft eintreten kann, aber keine Essigfliegen oder sonstige Insekten die Herstellung des Essigs stören.

Auf die Temperatur achten

Auch jetzt heißt es, auf die richtige Temperatur zu achten, 22 bis 28 °C sind ideal.

Die Mutter wird aktiv

Anfangs liegt nun dieses gallertartige, schleimige Etwas, das das ganze Geheimnis der Essigproduktion hüten soll, in der Flüssigkeit und ist, zumal wenn es sich um Rotwein handelt, gar nicht mehr zu sehen.

Deutlich zu sehen ist die schleimige Haut, die die Bildung einer neuen Essigmutter signalisiert.

Während man bei der Essigherstellung mit Hilfe von Bakterien aus der Flasche nicht viel zu bestaunen hat – ist das Beobachten der Arbeit einer Essigmutter schon richtig spannend.

Nach etwa ein bis eineinhalb Wochen bildet sich an der Oberfläche eine neue aktive Mutter. Fein wie ein dünnes Gespinst liegt sie darauf. An manchen Stellen etwas verdichtet, kann man den hübschen Schleier besonders auf einer hellen Flüssigkeit gut erkennen. Bei einem dunklen Rot- oder Obstwein ist die Haut leicht gräulich, aber ebenfalls am Anfang dünn mit verdichteten Stellen. Von Tag zu Tag wird die Schicht dichter und breitet sich auf der Oberfläche aus.

Ruhe für die Mutter

Auf keinen Fall das Gefäß bewegen! Die Haut braucht Ruhe, damit sie dicker werden kann. Sinkt sie ab, muss sich erst wieder eine neue Haut bilden und der Essigherstellungsprozess wird verzögert.

Im Laufe der Zeit sieht man durch das Glas, wie sich die älteren Schichten von der neu gebildeten Essigmutter abtrennen und zu Boden sinken.

DEN ESSIG VERKOSTEN

Schwierig ist es, den werdenden Essig von Zeit zu Zeit zu verkosten, denn schwenkt man das Gefäß zu stark, nimmt die Wahrscheinlichkeit, dass die Mutter absinkt, zu. Allerdings ist die Degustation das wichtigste Mittel für den Hobbyessigproduzenten, die Entwicklung des Säuregrades zu verfolgen; Aus diesem Grund sind Gefäße mit einem kleinen Hähnchen am Boden äußerst praktisch; der Essig kann entnommen werden, ohne dass die Mutter „gestört" wird. Hat man diese Gefäße nicht, nimmt man wie beschrieben eine Pipette (siehe Seite 64).

Der fertige Essig

Der Essig ist fertig (siehe Seite 63), die Essigmutter ist eventuell abgesunken und es bildet sich keine neue mehr (das kann, muss aber nicht so sein, weitere Kriterien dazu siehe oben). Der Essig steht zur Abfüllung bereit. Wundern Sie sich nicht, wenn die Ausbeute geringer ausgefallen ist, als Sie erhofft haben. Zum einen bindet die Essigmutter selbst eine Menge Flüssigkeit, sie besteht zu etwa 94 Prozent daraus. (Schon aus diesem Grund sollten Sie darauf achten, dass die Häute nicht zu Boden sinken und sich immer wieder neue bilden müssen.) Zum anderen verdunstet aus großen Öffnungen mehr Flüssigkeit.

Abfüllen

Nun aber zur Abfüllung. Dazu nimmt man die Essigmutter vorsichtig – am besten mit einem Schaumlöffel oder mit sauberen Händen – heraus und legt sie in ein Sieb, um sie abtropfen zu lassen. Den abtropfenden Essig natürlich auffangen und genauso wie den Essig im Gärgefäß durch einen Kaffee- oder einen Faltenfilter gießen. Dann wird der Essig in saubere Flaschen gefüllt. Die Flaschen müssen gut gespült und mit heißem Wasser nachgespült sein. Verschlossen werden die Flaschen mit einem säurebeständigen Schraubverschluss oder mit einem vorher in Wasser gequollenen Korken. Den Essig wie immer kühl und trocken aufbewahren.

Weiteren Essig produzieren

Von der Essigmutter werden nun die alten unteren Schichten, die sich bereits zum Teil selbst ablösen, abgezogen, etwas ausgepresst und weggeworfen. Die oberen Schichten und den aus der Essigmutter gepressten Essig legt man wieder in (mit Wasser verdünnten) Wein, und die Bakterien gehen erneut ans Werk. Man kann natürlich auch von einer Mutter, die gerade Essig produziert, ein kleines Stück abnehmen und in verdünnten Wein legen.

Ein Beerengeheimnis

Eine Feinschmeckerköchin verriet mir, dass sie, sobald ihre Essigmutter gut arbeitet, den Rotwein mit Himbeeren verfeinert. Dazu werden diese püriert, mit Zucker vermischt und an einem warmen Ort stehen gelassen, so dass sie zu gären beginnen. Diese gärende Masse gibt man dem Essigansatz zu und lässt alles wie beschrieben zu Essig werden. Der Essig, den man dann erhält, schmeckt fruchtig nach Himbeeren.

Essig, der mit Hilfe einer Essigmutter erzeugt wurde, neigt dazu, noch einmal in der Flasche eine neue Mutter zu bilden. Da dies nicht erwünscht ist, sollte man den Essig kurz vor der Abfüllung bis auf etwa 60 °C erhitzen, die Flaschen gut randvoll füllen und luftdicht verschließen. Die Erhitzung muss nicht unbedingt sein, ist aber vor allem dann dringend anzuraten, wenn der Essig nicht sofort verbraucht, sondern länger gelagert werden soll. Da eine zu starke Erhitzung allerdings auch zu einem Verlust von Aromastoffen führt, sollte man peinlich darauf achten, den Essig wirklich nur bis 60 °C zu erhitzen.

EIN HINWEIS

Wenn Sie ein Stück Essigmutter erhalten, erkundigen Sie sich, unter welchen Bedingungen sie beim Vorbesitzer guten Essig produzierte. Das betrifft die Raumtemperatur, den Alkoholgehalt der Weine, die die Bakterien umsetzen, die Sauerstoffzufuhr, die Zeit, die sie in etwa zur Vergärung benötigen etc. Versuchen Sie, diese Bedingungen auch in Ihrem Haushalt zu schaffen, selbst wenn sie etwas von den oben beschriebenen abweichen. Die Bakterien sind dann nämlich auf diese Bedingungen spezialisiert.

Das Essigtagebuch

Es empfiehlt sich, die wichtigsten Daten, Fakten und Besonderheiten der Essigproduktion festzuhalten. So können Sie beim nächsten Versuch noch einmal nachschlagen und die gemachten Erfahrungen berücksichtigen. Schließlich handelt es sich bei Essig um eine lebende Materie, die unter verschiedenen Rahmenbedingungen unterschiedlich reagieren kann.

Die Essigproduktion beruht zu einem großen Teil auf eigenen Erfahrungen. Ein „Essig-Protokoll" hilft, Besonderheiten, wichtige Werte und gewählte Zusammensetzungen festzuhalten, um sie eventuell für die nächste Produktionsrunde zu berücksichtigen.

WAS SIE NOTIEREN SOLLTEN

- ☐ *Tag, an dem der Essig angesetzt wurde;*
- ☐ *verwendeter Rohstoff (Weinsorte, Menge, Alkoholgehalt und ggf. die Verdünnung);*
- ☐ *Bakterienkultur (Art, Herkunft und Menge);*
- ☐ *Behälternummer (falls mehrere Behälter angesetzt werden, müssen diese nummeriert werden);*
- ☐ *Raumtemperatur (von Zeit zu Zeit);*
- ☐ *Kahmhaut oder Bakterienmutter (erstes Auftreten, Aussehen, Dichte, Farbe, Absinken);*
- ☐ *Geruch (zum Beispiel Klebstoffgeruch/Essiggeruch; erstes Auftreten, Stärke, Verschwinden);*
- ☐ *Geschmacksproben (Probentag und Beschreibung des Geschmacks);*
- ☐ *Säuregehalt (sofern er bestimmt wird);*
- ☐ *Alkoholgehalt (sofern er bestimmt wird);*
- ☐ *Filtermethode;*
- ☐ *Erhitzung;*
- ☐ *Abfülldatum ;*
- ☐ *Ausbeute (abgefüllte Menge im Verhältnis zur angesetzten Menge).*

Der Essigsäure- und der Alkoholgehalt

Methoden der Säurebestimmung

Um den Essigsäuregehalt zu bestimmen, kann man den Essig zum Beispiel in speziellen Laborbetrieben für Weinbau oder in staatlichen Untersuchungsstellen untersuchen lassen, was jedoch – will man den Versäuerungsprozess auch in Zahlen verfolgen – für jeden Essig mehrmals gemacht werden müsste.

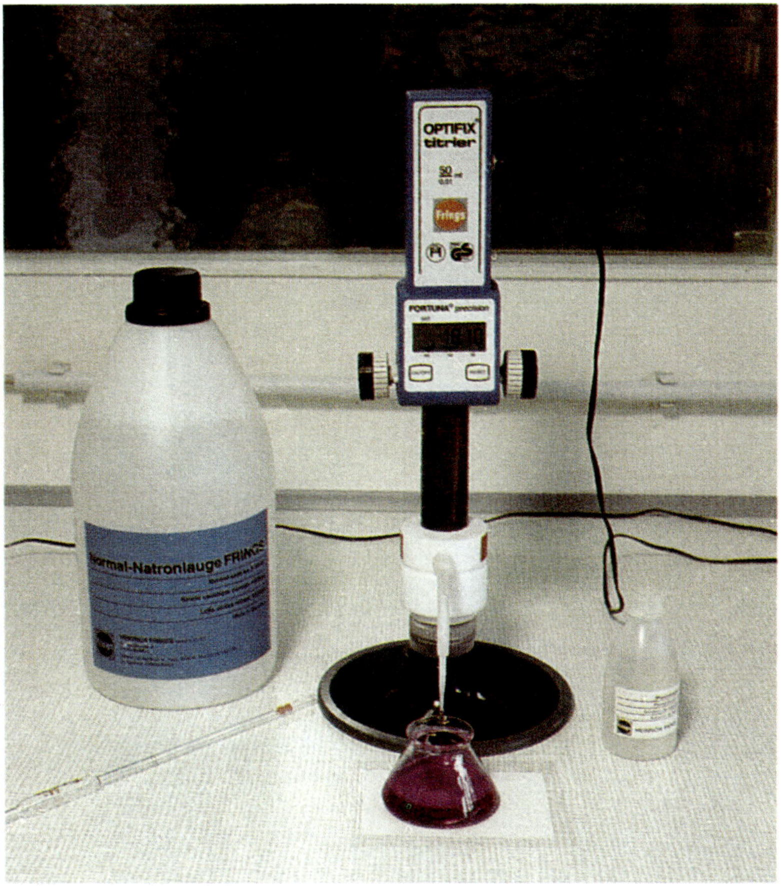

Für Profis und solche, die es werden wollen: ein Präzisions-Säure-Titrierapparat, dessen digitale Anzeige den Säuregehalt des Essigs exakt angibt.

Es gibt aber auch einfache Methoden zur Säurebestimmung: Hierzu zählen Sets, bei denen die Säure mit Blaulauge titriert wird, wie zum Beispiel das Acidometer der Firma Arauner oder von Vierka-Friedrich Sauer GmbH & Co. Mit Hilfe dieser Messinstrumente wird die Gesamtsäure bestimmt. Durch die Zugabe von Lauge wird die Säure neutralisiert, den Neutralisationspunkt kann man mittels eines Farbindikators sehen. Die Menge der zugegebenen Lauge lässt dann auf den Säuregehalt schließen und den kann man direkt auf dem Messzylinder ablesen. Eine einfache Sache, die unkompliziert durchzuführen ist. Man sollte aber darauf achten, dass der Essig vor der Bestimmung des Säuregehaltes verdünnt, das abgelesene Ergebnis mit dem Verdünnungsfaktor wieder multipliziert und die Säure auf Essigsäure umgerechnet werden muss.

Theoretisch entsteht aus einem Gramm Alkohol 1,3 Gramm Essigsäure. In der Praxis wird dies jedoch nicht erreicht. Die Bakterien verbrauchen einen Teil des Alkohols und durch die große Oberfläche verdunstet ebenfalls ein Teil. Aus einem Gramm Alkohol entsteht etwa ein Gramm Essigsäure.

Alkoholgehalt
Ein weiteres Kriterium, das zur Beurteilung der Essigsäuregärung herangezogen wird, ist der Alkoholgehalt. Weniger als zwei Gramm pro Liter im fertigen Essig sollten es sein. Wer hier eine genaue Bestimmung möchte, sollte seinen Essig in einem Labor (siehe Seite 70) untersuchen lassen.

Was tun, wenn es schief geht?

Vieles muss stimmen, damit aus einem guten Wein auch guter Essig werden kann. Sollte das Ergebnis einmal nicht überzeugen, hilft meist nur ein neuer Ansatz.

Das optimale Zusammenspiel vieler Faktoren ist wichtig, dass aus Wein ein guter Essig mit ausreichend Säure wird. Zu viel Schwefel im Ausgangswein, zu wenig Bakterien, eine schlechte Kultur, zu niedrige oder zu hohe Temperaturen, zu wenig Sauerstoff sind einige Bedingungen, die dafür sorgen können, dass der Essig misslingt. Sie stellen das recht bald am Geschmack fest. Es entwickelt sich kaum Säure, das Ganze schmeckt schal. Ist das passiert, sollten Sie noch einmal ein bis zwei Wochen warten; vielleicht haben Sie, zum Beispiel durch große Temperaturschwankungen, die Gärung zum Stillstand gebracht. In diesem Fall könnten sich die Bakterien aber wieder erholen und ihre Arbeit aufnehmen. Das sehen Sie dann an der sich neu bildenden Kahmhaut, am Geruch usw. Tut sich aber über längere Zeit überhaupt nichts, hilft nur noch: wegschütten, Gefäße gut reinigen und von neuem beginnen. Sind die Bakterien nämlich – auf Grund welcher Umstände auch immer – abgestorben, so lässt sich nichts mehr reparieren. Ähnlich wie ein Hefeteig, der „sitzen geblieben ist", nicht mehr zu retten ist.

Überoxidiert!
Auch kann es passieren, dass die Bakterien, ist kein Alkohol mehr vorhanden, den Essig weiter zu Kohlendioxid und Wasser oxidieren. Der Fachmann spricht von Überoxidierern, die den Essig zersetzen. Geschmacklich und auch analytisch lässt sich dies feststellen, der Säuregrad sinkt. Dann können sich Hefen, Schimmelpilze und andere Bakterien auf dem Essig niederlassen und alles verderben. In diesem Fall, muss man alles weg-

werfen: den verdorbenen Essig mitsamt den Bakterien oder der Essigmutter. Die Gefahr ist zu groß, dass die „alten" Bakterien auch neuen Wein überoxidieren. Übrigens können auch Essigmütter, die sich in bereits abgefüllten Essigen neu bilden, den Essig auf diese Weise verderben. Deshalb ist es wichtig, dass die Flaschen randvoll gefüllt sind, kühl gelagert und angebrochene Flaschen schnell verbraucht werden.

Guter Essig

Ob Ihr Essig gut geworden ist, entscheidet einerseits der ausreichende Säuregehalt, andererseits Ihr persönlicher Geschmack. Bei der Beurteilung mag das folgende Zitat hilfreich sein: „Der beste Essig muß einen sauern, aber erträglichen Geschmack haben, durchsichtig, so wie der Wein, aber weniger gefärbt als dieser seyn, und endlich noch eine Art Wohlgeruch, ein Feuer, etwas Geistreiches, mit einem Worte, etwas Einschmeichelndes ... haben, das auf die Organe einen angenehmen Eindruck macht. Vorzüglich muß sich der angenehme Geruch dann entwickeln, wenn man etwas Essig in den Händen reibt." Diese Kriterien sind für D. Sigismund Friedrich Hermbstädt, Professor der Chemie, aus dem vorigen Jahrhundert ausschlaggebend.

Für den Hausgebrauch genügt es vollständig, die Essigqualität degustativ zu beurteilen. Ist der Essig für Ihren Geschmack sauer oder „bitzelnd" genug, steht einer Verwendung in der Küche nichts mehr im Wege.

Nicht nur Bakterien lieben Essig

Essigfliegen ...
... lieben den Essig, aber auch Obst- und Gemüse, Bier und Wein, und sind vor allem im Sommer lästige Besucher in der Küche. Essigfliegen übertragen zum Beispiel Essigbakterien und sind daher in den ersten Tagen der Essigproduktion nicht ganz unerwünscht. Aber auch Hefen oder Schimmelpilze können sie im Schlepptau haben, die dann dem Essig oder dem Wein eventuell schaden. Sie legen ihre Larven auf Essig und Lebensmitteln ab, besonders wenn sie bereits leicht verfaulen.

Essigälchen ...
... sind winzig kleine Fadenwürmer, die mit den Bakterien an der Oberfläche des Essigs leben und um den Sauerstoff konkurrieren. Sie sind einen bis eineinhalb Millimeter und deshalb besser durch eine Lupe als mit bloßem Auge zu erkennen. In leichten Essigen und mit schleimbildenden Bakterien können

sie vorkommen, da sie sich darin gut vermehren. Höhere Essigkonzentrationen dagegen töten sie ab. Normalerweise werden eventuell vorhandene Essigälchen durch Filtration entfernt. Wenn der Essig dem Licht ausgesetzt wird, sterben sie ebenfalls ab und bilden dann einen Bodensatz. Essigälchen sehen unappetitlich aus und beeinträchtigen die Essigproduktion und den Geschmack des Essigs, gesundheitlich schädlich sind sie nicht. Man kann den Essig beim Auftreten der Essigälchen kurz erhitzen, dann werden die Tiere abgetötet. Anschließend filtert man den Essig noch einmal ab.

Hefen ...
... können sich auf der Oberfläche des fertigen Essigs niederlassen, wenn er zu warm gelagert, nicht sauber genug abgefüllt oder die Flaschen nicht luftdicht verschlossen waren. Sie setzen die Qualität des Essigs herab und können den Geschmack erheblich beeinträchtigen.

Ein Wort zu den Mengen

TIPP

Wer mehr über die Produktion größerer Mengen von Essig wissen und diesen auch vertreiben möchte, dem sei ein Weinessig-Seminar an der Staatlichen Lehr- und Versuchsanstalt für Landwirtschaft und Weinbau in Bad Kreuznach empfohlen (Adresse siehe Seite 142).

In diesem Buch geht es um den Hausgebrauch, also um die Produktion von relativ kleinen Mengen. Nimmt man zum Beispiel die beschriebenen Fünflitergefäße, so produziert man mit jeder Charge eineinhalb bis zwei Liter Essig (es verdunstet immer etwas, ein Rest muss als Startermenge für den nächsten Essig in der Flasche bleiben). Bei einer angenommenen durchschnittlichen Gärzeit von sechs Wochen, das kann im Winter und bei niedrigen Temperaturen aber auch erheblich länger dauern, ergäben sich etwa 13 Liter im Jahr. Da fällt sogar zum Verschenken noch die ein oder andere Flasche ab. Wer mehr Essig braucht, dem sei zu „Spitzenzeiten" empfohlen, einfach mehrere Fünfliterbehälter aufzustellen.

Wer jedoch größere Mengen Essig produzieren und diese vertreiben möchte, an den stellt der Gesetzgeber bestimmte lebensmittelrechtliche und hygienische Anforderungen. Eine davon besagt, dass der Weinessig mindestens sechs Prozent Säure aufweisen muss. Aber auch die Produktion von größeren Mengen muss in einigen Punkten (Behältnisse, Temperatur, chemische Analysen, Filtration etc.) anders gehandhabt werden, um einen im Endresultat klaren beziehungsweise sterilen Essig hervorbringen zu können.

Ein Klassiker unter den Salatsaucen ist die Vinaigrette – eine Kombination aus Olivenöl, Weinessig, abgeschmeckt mit Pfeffer, Salz und etwas Zitronensaft.

Frucht- und Kräuteressig selbst gemacht

Duft- und Geschmacks-kompositionen in Essig

Essige mit besonderen Aromen

Eine Vielzahl aromatisierter Essige ist heute auf dem Markt – und der Essigfreund findet unterschiedlichste Geschmacksvariationen und Qualitäten. Es handelt sich dabei um Essige, die durch Kräuter, Früchte, Gewürze oder Gemüse geschmacklich verändert werden.

Keine Erfindung der Neuzeit

Schon die alten Römer erkannten, dass die Geschmacks- und Duftstoffe von Kräutern in Essig sehr lange erhalten bleiben. So waren im Mittelalter Rosenessig und Estragonessig als Gesundheitsessige bekannt. Aber auch Essige mit Nelken und Zimt, Holunderessig oder solcher mit Günsel war beim Essighändler zu bekommen.

Der bekannte Essig- und Senflieferant Maille, der nicht nur den französischen, sondern auch den österreichisch-ungarischen Hof und den russischen Zarenhof belieferte, ergänzte das bestehende Sortiment von etwa 12 verschiedenen Sorten um 55 neue, die er erfolgreich vermarktete. Beliebt waren bei der Pariser Bevölkerung Estragonessig, Holunderblütenessig, Trüffelessig, Essig mit Gewürzkräutern, Essig „millefleurs“ oder der Essig „à la Ravigotte“. Aromatisierte Essige wurden auch im eigenen Haushalt hergestellt, das belegen Kochbücher des 18. und 19. Jahrhunderts, in denen mannigfaltige Rezepturen zu finden sind.

TIPP

Bei den im Handel angebotenen Sorten sollte man genau aufs Etikett schauen. Hier gibt es nämlich große Unterschiede. So kann es sich um einen einfachen Essig handeln, dem nur künstliches Aroma zugesetzt wurde, oder aber auch um einen guten Weinessig mit besten, natürlichen Zutaten. Ein Unterschied, den man schmeckt.

Aromatisierte Essige mit persönlicher Handschrift

Im Gegensatz zur Essigherstellung selbst, ist es geradezu kinderleicht, einen Essig zu aromatisieren. Hier kann so gut wie nichts schief gehen – vorausgesetzt man arbeitet mit sauberen Gefäßen und guten Zutaten. Bei der Wahl des Aromas kann man sich von den Essigprofis Anregungen holen oder einfach seiner Fantasie freien Lauf lassen und seinen persönlichen Essig kreieren. Ob das Ergebnis dann tatsächlich den Erwartungen entspricht, erfährt man allerdings erst ein paar Wochen später. Denn es braucht ein wenig Zeit, bis der Essig die verschiedenen Aromen aus Kräutern, Gewürzen oder Früchten aufgenommen hat.

Die Basis – der Essig

Klassiker unter den aromatisierten Essigen sind der Estragonessig mit seinem typischen herbwürzigen Geschmack und der fruchtige Himbeeressig.

Gut und einwandfrei

Je besser der Essig, den Sie verwenden, desto besser das Endprodukt. Einen wirklich feinen aromatisierten Essig erhält man nur, wenn man einen guten, einwandfreien Obst- oder Weinessig als Basis nimmt.

Rot oder weiß

Ob Rot- oder Weißweinessig richtet sich vor allem nach Ihren persönlichen Vorlieben. Weißweinessige sind zumeist etwas milder und daher für zarte Aromen und helle Zutaten wie zum Beispiel Melisse besser geeignet. Kräftigere Zutaten wie Knoblauch oder Rosmarin haben auch im Rotweinessig kein Problem, sich geschmacklich durchzusetzen.

Säuregehalt

Egal ob ein guter Winzeressig oder ein selbst Gemachter, er sollte mindestens einen Säuregehalt von fünf, besser noch sieben Prozent aufweisen. Dies gilt vor allem dann, wenn man den Essig mit Früchten aromatisiert. Diese geben Flüssigkeit ab und verdünnen die Säure. Sinkt sie unter fünf Prozent, kann die Haltbarkeit des Essigs beeinträchtigt sein.

Duft und Geschmack – die Aromazutaten

Zum Aromatisieren der Essige stehen Früchte, Gemüse, Gewürze, Wurzeln und Kräuter zur Verfügung.

Kräuter ...

... sind fast das ganze Jahr über frisch zu bekommen. Am intensivsten schmecken sie jedoch im Sommer. Wenn Sie im Garten oder im Balkonkasten Kräuter ziehen, so verwenden Sie die Blätter, bevor die Pflanzen zu blühen beginnen.

Auch getrocknete Kräuter können Essige aromatisieren; der Geschmack ist jedoch mit dem frischer Kräuter nicht zu vergleichen. Essige mit getrockneten Kräutern können etwas trüb werden, dies bedeutet aber keine Qualitätseinbuße.

KRÄUTERKOMPOSITIONEN?

Wer gerne einen Essig mit verschiedenen Kräutern aromatisieren möchte, kann nach Lust und Laune experimentieren. Bedenken Sie bei der Zusammenstellung aber, dass sich manche Kräuter geschmacklich in den Vordergrund drängen können und andere dabei fast „untergehen". Deshalb beim Mischen von den zarten Kräutern mehr nehmen und die intensiven nur in sehr kleinen Mengen verwenden.

Neben Kräutern und Früchten können Knoblauch, Zwiebeln oder die kleineren Schalotten sowie Gewürze den Essig aromatisieren. Sie sind das ganze Jahr über erhältlich.

Fruchtessige ...

... sollte man dann ansetzen, wenn die Früchte Saison haben und vollreif sind. Noch besser sind Wildfrüchte, allen voran Himbeeren, Brombeeren, aber auch Walderdbeeren oder Heidelbeeren mit ihrem intensiven und vollen Geschmack.

Wer in der Saison nicht dazu kommt, den Essig anzusetzen, aber sehr aromatische Früchte im eigenen Garten hat, friert sie am besten ein, um sich dann, wenn die Tage kürzer werden, seinem Fruchtessig in Ruhe zu widmen. Aber auch die Früchte aus dem Tiefkühlregal des Supermarktes oder der Tiefkühl-Heimdienste sind außerhalb der Saison eine Möglichkeit, einen guten Fruchtessig zu machen.

Auch getrocknete Früchte eignen sich, um Essig zu aromatisieren. Es entstehen vollmundige Essige, deren Säure auf Grund des hohen Zucker-

Apfelessig – einer der bekanntesten Fruchtessige.

gehalts der Trockenfrüchte abgerundet wird. Diese Essige schmecken wunderbar als Aperitif und locken die Magensäfte auf angenehme Weise.

Die Herstellung selbst – kinderleicht

Blätter, Kräuterstängel oder Früchte, wenn möglich frisch gepflückt, kurz in kaltem Wasser abspülen und vorsichtig mit Küchenpapier trockentupfen. Dann die Kräuter etwas zerquetschen. Kleine Beeren ganz lassen, größere genauso wie große Früchte in kleine Stücke schneiden.

Ein sauberes Glas kurz mit kochendem Wasser ausspülen. Kräuter, Früchte oder sonstige Geschmackszutaten in das Glas geben und den Essig darüber gießen. Das Glas verschließen.

Lassen Sie nun den Essig drei bis fünf Wochen an einem warmen Platz stehen, im Sommer auf einer sonnigen Fensterbank, im Winter in einem warmen Zimmer. Das Glas alle paar Tage schütteln, damit sich das Aroma gut verteilt.

Probieren Sie den Essig nach drei Wochen das erste Mal. Entspricht er Ihren Erwartungen, ist er fertig. Hat sich das Aroma noch nicht kräftig genug durchgesetzt, lassen Sie ihm noch ein

TIPP

Wer gerne unterschiedliche Geschmacksrichtungen mag, sollte nur kleine Mengen an aromatisierten Essigen herstellen und in kleine Flaschen abfüllen.

DIE GERÄTE – IM HAUSHALT VORHANDEN

Zum Aromatisieren von Essig sind keine speziellen Küchengeräte erforderlich. Sie sollten in jedem Haushalt vorhanden sein:

- *Ein Messer und ein Brettchen zum Schneiden der Zutaten sowie ein Sieb.*
- *Ein Gefäß, in dem der Essig das Aroma der eingelegten Zutaten aufnehmen kann. Gut geeignet sind beispielsweise eine bauchige Flasche, Einmachgläser, Kunststoff- beziehungsweise Steingutgefäße mit Deckel. Für ganz kleine Mengen eignen sich 500-Gramm-Joghurtgläser hervorragend.*
- *Eine hübsche Flasche, in die der fertige Essig abgefüllt werden kann, findet sich bestimmt ebenfalls noch im Haushalt; wenn nicht – zahlreiche hübsche Formen werden heutzutage in Kaufhäusern, Haushaltswaren- und Dekorationsgeschäften meist preisgünstig angeboten.*

bis maximal zwei Wochen Zeit. Wem das Aroma allerdings auch danach noch nicht intensiv genug ist, der kann den Essig abfiltern und nochmals neu ansetzen.

Ist der Essig fertig, gießen Sie ihn durch ein Sieb. Bei besonders kleinen Geschmackszutaten, wie beispielsweise getrockneten Kräutern, den Essig durch einen Kaffeefilter seihen. Eine saubere Flasche mit kochend heißem Wasser ausspülen oder sterilisieren. Letzteres ist notwendig, wenn der Essig länger gelagert werden muss. Den Essig in die Flasche füllen – randvoll (!), da der Luftsauerstoff, der in der Flasche verbleibt, das Aroma verändert – und diese mit einem säurebeständigen Schraubverschluss oder mit einem Korken gut verschließen. Den Korken vorher in kochendes Wasser geben und aufquellen lassen. Dann mit einem Holzhammer in die Flasche schlagen.

TIPP

Obwohl es hübscher aussieht, wenn die Geschmackszutaten im Essig bleiben, empfehle ich doch, die Zutaten nach dem Ausziehen herauszunehmen. Sie bleiben nämlich nur so lange in Ordnung, wie sie mit Essig bedeckt sind. Kommen Kräuter und Beeren dagegen bei Verbrauch des Essigs an die Luft, können sie schimmeln und den Essig verderben.

Eine kleine Besonderheit – der Erdbeeressig.

Die Lagerung – kühl und dunkel

Ein aromatisierter Essig hält etwa ein Jahr. Ist die Flasche erst einmal angebrochen, so verliert sich das Aroma jedoch schnell. Um den Essig länger haltbar zu machen, kann man ihn kurz aufkochen, dabei den eventuell entstehenden Schaum abschöpfen, erst dann in gut gesäuberte Flaschen abfüllen und diese luftdicht verschließen. Allerdings verliert der Essig bei dieser Prozedur an Aroma, so dass immer dem nicht erhitzten Produkt der Vorzug zu geben ist. Der fertige Essig muss dunkel und kühl stehen. Denn Licht und Luft schaden ihm. Optimal sind daher dunkle Flaschen.

TIPP

Nach einiger Zeit der Lagerung kann sich in der Flasche Bodensatz bilden. Dies beeinflusst die Qualität des Essigs allerdings nicht.

Die Verwendung – vielseitig

Aromatisierte Essige eignen sich – wie nicht aromatisierte Essig auch – natürlich für Salate. Sie bringen vor allem in der Herbst- und Winterzeit, wenn es wenig frische Kräuter gibt, den Geschmack des Sommers in die Küche.

Aromatisierte Essige können nicht nur Salate, sondern auch Saucen verfeinern, wie zum Beispiel ein Estragonessig die Sauce Béarnaise oder ein milder Himbeeressig den Bratenfond für eine gebratene Leber. Für Suppen, Fleischragouts, Geflügelgerichte, Fisch und Meeresfrüchte sind aromatisierte Essige ebenfalls geeignet. Einer Marinade können sie einen eigenen Charakter verleihen.

Und auch beim Einlegen können aromatisierte Essige anstelle des Branntwein- oder Weinessigs genommen werden und so Abwechslung in die Rezepte bringen.

SALATSAUCE – WELCHER ESSIG ZU WELCHEM ÖL?

Wenn Sie Ihre Salatsauce mischen, dann folgen Sie dem einfachen Grundsatz:

- *geschmacksintensiver Kräuter- oder Fruchtessig + neutrales Öl;*
- *neutraler Essig + ein aromatisiertes oder geschmacksintensives Öl.*

Ausnahmen bestätigen natürlich auch hier, wie immer, die Regel. Himbeeressig harmoniert z. B. ausgezeichnet mit Nussöl.

Rezepte

Mirabellenessig

350 g Mirabellen
4 Zweige Thymian
750 ml Weißweinessig

1. Die Mirabellen und den Thymian waschen und trockentupfen. Mit einem Holzstäbchen mehrmals die Schale anstechen.

2. Die Mirabellen und den Thymian in ein Glas geben. Den Essig darüber gießen. Das Glas verschließen, etwa 4 Wochen an einem warmen Ort stehen lassen und dabei öfter schwenken.

3. Den Essig abgießen, in eine saubere Flasche füllen und diese verschließen.

VERWENDUNG

Dieser feine Essig hat den zarten Geschmack der Mirabellen. Damit dieses zum Tragen kommt, sollte man ihn nicht mit allzu kräftigen Zutaten mischen. Er passt gut zu Frühlingssalaten, zu feiner Rohkost oder auch zu Obstsalaten.

Himbeeressig

350 g frische oder Tiefkühl-Himbeeren
750 ml Weißweinessig

1. Die Himbeeren waschen, mit Küchenkrepp trockentupfen und in ein weites Glas geben. Den Essig darüber gießen.

2. Das Glas verschließen, an einen warmen Ort stellen, 4 Wochen stehen lassen und dabei öfter schenken.

3. Anschließend den Essig absieben, in eine saubere Flasche füllen und diese gut verschließen

VERWENDUNG

Der Essig nimmt das Himbeeraroma sehr gut auf. Er eignet sich für alle Blattsalate und passt vor allem im Winter zu Endiviensalat mit Nüssen. Ein klein wenig im Obstsalat verleiht diesem eine ganz besondere Note! Auch Bratenfonds können hervorragend mit Himbeeressig abgelöscht werden.

Zwetschgenessig

250 g Zwetschgen
¼ Stange Zimt
4 Wacholderbeeren
500 ml Rotweinessig

1. Die Zwetschgen waschen, trockentupfen. Die Früchte halbieren und entkernen. Die Zwetschgenhälften zusammen mit der Zimtstange und den Wacholderbeeren in ein Glas geben.

2. Den Essig über die Zwetschgen gießen und das Glas verschließen. Das Glas an einem warmen Ort etwa 4 Wochen stehen lassen, dabei öfters schwenken.

3. Den Essig abgießen, in eine saubere Flasche füllen und diese verschließen.

VERWENDUNG

Der Zwetschgenessig mit dem leichten Zimtaroma ist eine wunderbare Zutat für Wildmarinaden, für winterliche Salate oder zum Beispiel eine Rotkohlkost.

Cassisessig

250 g frische oder tiefgekühlte schwarze Johannisbeeren
500 ml Weißweinessig
1 ½ EL Honig

1. Die Johannisbeeren waschen und trockentupfen. Anschließend in ein großes Glas geben und den Weißweinessig darüber gießen.

2. Das Glas verschließen, an einen warmen Ort stellen und 4 bis 5 Wochen stehen lassen. In dieser Zeit häufiger schwenken.

3. Den Essig abseihen. Den Honig unter den Essig rühren. Den Cassisessig in eine saubere Flasche füllen und diese gut verschließen.

TIPP

Für diesen Essig am besten einen kräftigeren Honig, zum Beispiel einen aus der Provence oder einen Waldhonig, nehmen. Er rundet den Geschmack der schwarzen Johannisbeeren gut ab.

VERWENDUNG

Cassisessig passt sehr gut zu Wildmarinaden, Kohlsalaten und zu Feldsalat.

Zwetschgenessig.

Pfefferminzessig

4 große Zweige Minze
1 kleine frische Chilischote
6 Pimentkörner
500 ml Weißweinessig

1. Die Minze waschen, mit Küchenkrepp trockentupfen und etwas mit den Händen knicken. Die Zweige in ein Glas geben. Die Chilischote und die Pimentkörner dazugeben und den Essig darüber gießen.

2. Das Glas verschließen, an einem warmen Ort etwa 4 Wochen stehen lassen und alle paar Tage schwenken.

3. Nach dieser Zeit den Essig filtrieren, in eine saubere Flasche füllen und diese verschließen.

VERWENDUNG

Dieser Essig schmeckt scharf und eignet sich für Salate mit Reis oder Couscous, aber auch zu Geflügelsalaten oder Salaten mit exotischen Obstsorten.

Pfirsich-Ingwer-Essig

2 aromatische Pfirsiche
2 cm frische Ingwerknolle
500 ml Apfelessig

1. Die Pfirsiche waschen, trockentupfen und das Fruchtfleisch in kleine Stücke schneiden. Den Ingwer schälen und in dünne Scheiben schneiden.

2. Pfirsichstücke und Ingwerscheiben in ein großes Glas geben und den Apfelessig darüber geben. Das Glas verschließen.

3. Den Essig 3 bis 4 Wochen an einem warmen Ort durchziehen lassen, in dieser Zeit das Glas häufiger schwenken.

4. Den Essig abseihen und in saubere Flasche füllen. Die Flasche gut verschließen.

VERWENDUNG

Dieser milde Essig hat einen zarten Pfirsichton und passt zum Beispiel zu Spargel- oder Schwarzwurzelsalat.

TIPP

Wer Essig als Aperitif oder Digestif liebt, gibt etwa einen Esslöffel Honig in den fertigen Pfirsichessig und schwenkt ihn so lange, bis sich der Honig gut aufgelöst hat. Fertig ist ein wunderbares Getränk.

Brombeeressig

250 g frische oder Tiefkühl-Brombeeren
500 ml Weißweinessig

1. Die Brombeeren waschen und trockentupfen. Die Beeren in ein großes Glas geben und den Essig darüber gießen.

2. Das Glas verschließen, an einen warmen Ort stellen und den Essig 4 bis 5 Wochen ziehen lassen. In dieser Zeit das Glas häufig schwenken.

3. Den Essig danach abseihen und in eine saubere Flasche füllen. Diese gut verschließen.

TIPP

Wer mag, kann den Brombeeressig noch mit etwas Honig abrunden.

VERWENDUNG

Brombeeressig kann wie Himbeeressig verwendet werden. Er passt beispielsweise zu Rohkostsalaten aus Weißkohl, Rotkohl oder Wirsing, aber auch zu allen Blattsalaten.

Zitronenessig

4 Zweige Zitronenmelisse
2 Zweige Pfefferminze
1 unbehandelte Zitrone
500 ml Weißweinessig

1. Die Kräuter waschen, trockentupfen, die Blättchen von den Stielen zupfen und etwas knicken.

2. Ein kleines Stück Schale, das etwa so groß wie der Daumen ist, von der Zitrone abschneiden. Dabei darauf achten, nur den farbigen Schalenteil abzuschneiden, das Weiße, also der innere Teil der Schale, schmeckt bitter.

3. Kräuterblättchen und Zitronenschale in ein Glas geben und den Essig darüber gießen. Das Glas verschließen, etwa 4 Wochen an einem warmen Ort stehen lassen, dabei mehrmals schwenken.

4. Nach dieser Zeit den Essig abgießen und in eine saubere Flasche füllen. Diese gut verschließen.

VERWENDUNG

Der Essig schmeckt kräftig nach Zitrone und passt sehr gut zu allen sommerlichen, leichten Salaten, wie etwa Gurkensalat. Aber auch eine

Mayonnaise bekommt mit diesem Essig einen schönen zitronigen Geschmack.

TIPP

Wer mag, kann einen kleinen sauberen Zweig Zitronenmelisse in den Essig geben.

Feigenessig

250 g getrocknete Feigen
2 TL schwarze Pfefferkörner
500 ml Weißwein- oder Apfelessig

1. Die Feigen in größere Stücke schneiden und zusammen mit den Pfefferkörnern in ein großes Glas geben.

2. Den Essig darüber gießen, das Glas verschließen und den Essig 5 bis 6 Wochen an einem warmen Ort stehen lassen. Dabei das Glas häufiger schwenken.

3. Den Essig abseihen, in eine saubere Flasche füllen und diese verschließen.

VARIATION

Anstelle der Feigen kann man sehr gut auch getrocknete Aprikosen nehmen und erhält so einen aromatischen Aprikosenessig.

VERWENDUNG

Beim Feigenessig verbindet sich auf wunderbare Weise die Säure des Essigs mit der Süße der Feigen. Er eignet sich als Digestif, Essigliebhaber trinken ihn leidenschaftlich gern. Aber natürlich kann man ihn auch für Salate, wie zum Beispiel Rohkostsalate oder solche mit Spargel, nehmen oder einen Hauch über ein feines Fischcarpaccio sprühen.

TIPP

Getrocknete Feigen haben einen unterschiedlichen Wassergehalt. Deshalb ist die angegebene Essigmenge nur ein Richtwert. Manche Trockenfeigen nehmen weniger Essig auf, andere allerdings sehr viel mehr. Man muss deshalb darauf achten, dass die Feigen immer gut mit Essig bedeckt sind und eventuell noch etwas Essig nachgießen.

Die ursprünglich aus Syrien stammende Feige ist frisch im Sommer und im Herbst auf dem Markt. Getrocknete Feigen sind das ganze Jahr über erhältlich und werden hauptsächlich aus den Mittelmeerländern und aus Kalifornien geliefert.

Essig mit Kräutern der Provence

1 Zweig Salbei
2 Zweige Thymian
2 Zweige Oregano
3 frische Lavendelblüten
500 ml Weißweinessig

1. Die Kräuter, aber nicht die Blüten, waschen und trockentupfen. Die Salbei- und die Oreganoblättchen von den Stielen zupfen und etwas knicken.

2. Salbei, Oregano, Thymian und die Lavendelblüten in ein Glas geben und den Essig darüber gießen. Das Glas verschließen.

3. Das Glas etwa 3 Wochen an einem warmen Ort stehen lassen, dabei öfter schwenken.

4. Den Essig abseihen, in eine saubere Flasche füllen und diese gut verschließen.

VERWENDUNG

Dieser Essig passt zu allen sommerlichen Blattsalaten mit Tomaten, Gurken oder Zucchini. Auch eine kalte Ratatouille oder ein südlicher Bohneneintopf lässt sich damit verfeinern.

TIPP

Dieser Essig erinnert an einen warmen, schönen Sommer im Süden Frankreichs. Vor allem die Lavendelblüten geben ihr wunderbares Aroma an den Essig ab. Wenn man allerdings zu viel davon nimmt, tritt der Geschmack zu stark hervor.

Essig „Verveine"

1 großer Zweig Eisenkraut
2 TL bunter Pfeffer
500 ml Apfelessig

1. Das Eisenkraut waschen und trockentupfen. Die Blätter etwas knicken, zusammen mit den Pfefferkörnern in ein Glas geben und den Apfelessig darüber gießen.

2. Das Glas verschließen, an einem warmen Ort etwa 3 Wochen stehen lassen und dabei öfter vorsichtig schwenken.

3. Den Essig absieben und in eine saubere Flasche füllen. Diese gut verschließen.

VERWENDUNG

Der goldfarbene Essig „Verveine" schmeckt wunderbar zu Fischsalaten oder rundet eine Fischsauce ab. Sehr gut kann man mit dem Essig auch den Sud aromatisieren, in dem der Fisch gar zieht oder über dem man ihn dämpft.

Estragonessig

4 Zweige Estragon
1 Lorbeerblatt
1 TL weiße Pfefferkörner
500 ml Weißweinessig

1. Den Estragon waschen und mit Küchenpapier trockentupfen. Die Blättchen etwas in den Händen zerdrücken. So kann das Aroma noch besser in den Essig übergehen.

2. Estragonzweige, Lorbeerblatt und Pfefferkörner in ein Glas geben und den Essig darüber gießen. Das Glas verschließen.

3. Den Estragonessig an einem warmen Ort etwa 4 Wochen stehen lassen. In dieser Zeit das Glas häufiger schwenken.

4. Anschließend den Estragonessig abgießen und in eine saubere Flasche füllen. Die Flasche gut verschließen.

VERWENDUNG

Dieser Klassiker der Essigsorten hat einen wunderbaren zart-herben Geschmack. Er ist unentbehrlich für Sauce Béarnaise und passt zu allen Arten von Blattsalaten.

TIPP

Wer mag, kann noch ein sauberes kleines Zweiglein Estragon in die Flasche geben.

Estragonessig – vielseitig und schmackhaft

Lorbeer-Kräuter-Essig

6 frische Lorbeerblätter
2 kleine Zweige Thymian
2 kleine Zweige Oregano
500 ml Rotweinessig

1. Die Lorbeerblätter waschen, trockentupfen und mehrmals etwas knicken, so dass das ätherische Öl der Blätter gut entweichen kann.

2. Thymian und Oreganozweige ebenfalls waschen, trockentupfen und die Blättchen von den Stielen zupfen.

3. Die Kräuter in ein großes Glas geben und den Essig darüber gießen. Das Glas verschließen. Den Essig etwa 4 Wochen durchziehen lassen. Dabei gelegentlich schwenken.

4. Anschließend den Essig abseihen und in eine saubere Flasche füllen. Diese gut verschließen.

VERWENDUNG

Dieser Essig eignet sich besonders gut für Fleischmarinaden oder für kräftige Salate mit Fleisch oder Wurst.

Dillessig

2 Frühlingszwiebeln
1 Bund Dill
4 Blätter Sauerampfer
½ TL bunter Pfeffer
½ TL Senfkörner
500 ml Weißweinessig
1 Dilldolde

1. Die Frühlingszwiebeln putzen und in dünne Ringe schneiden. Die Kräuter waschen und trockentupfen. Frühlingszwiebeln, Kräuter, Pfeffer und Senfkörner in ein großes Glas geben und den Essig darüber gießen. Das Glas verschließen.

2. Den Essig etwa 3 Wochen an einem warmen Ort stehen lassen. In dieser Zeit den Essig häufiger schwenken.

3. Danach den Essig abseihen. Eine Dilldolde waschen, in eine saubere Flasche geben und den Essig darüber gießen. Die Flasche gut verschließen.

VERWENDUNG

Dieser Essig passt zu Kartoffelsalat und zu allen Frühlingssalaten. Er eignet sich aber auch gut, um Gurken, Zucchini oder Champignons einzulegen.

Basilikum-Schalotten-Essig

4 große Zweige Basilikum
2 Schalotten
500 ml Obstessig

1. Das Basilikum waschen und trockentupfen. Die Blätter von den Stielen zupfen und etwas knicken. Die Schalotten schälen und halbieren.

2. Basilikum und Schalotten in ein Glas geben und den Essig darüber gießen. Das Glas verschließen.

3. Das Glas 2 bis 3 Wochen an einem warmen Ort stehen lassen, dabei öfter schwenken.

4. Den Essig abgießen und in eine saubere Flasche füllen. Diese gut verschließen.

VERWENDUNG

Dieser Essig passt zu Salaten mit Fruchtgemüse – wie Tomaten, Paprikaschoten, Zucchini – oder zu Pilzsalaten.

TIPP

Anstelle des Dills kann man, wenn man sie bekommt, auch Dilldolden, also die Blüten der Pflanze, nehmen. Der Essig wird dann noch aromatischer.

VERWENDUNG

Der goldgelbe, leicht sirupartige Quittenessig schmeckt allen, die das Saure mögen zum Aperitif oder als Digestif. Er passt aber auch zu Rohkostsalaten mit Pastinaken und Möhren oder zu Blattsalaten, wie zum Beispiel Feldsalat.

Quittenessig

2 mittelgroße Quitten
2 Sternanis
1 TL schwarze Pfefferkörner
600 ml Weißweinessig

1. Von den Quitten mit einem Küchentuch den pelzigen Belag abreiben. Dann die Quitten waschen und in kleine Stücke schneiden. Dabei den Blütenansatz und das Kerngehäuse entfernen.

2. Die Quittenstücke, den Sternanis und die Pfefferkörner in einen Topf geben und mit Wasser bedecken. Die Quitten 10 Minuten köcheln lassen. Dann das Wasser bei großer Hitzezufuhr verdampfen lassen.

3. Die Quittenstücke noch heiß in ein Glas füllen und den Essig darüber gießen.

4. Das Glas verschließen. Den Essig etwa 4 Wochen an einem warmen Ort stehen lassen. Dabei häufiger schütteln.

5. Nach dieser Zeit den Essig absieben und in saubere Flaschen füllen. Die Flaschen gut verschließen.

Maronenessig

200 g frische Maronen
500 ml Rotweinessig

1. Den Backofen auf 200 °C vorheizen. Die Maronen mit einem Küchenmesser über Kreuz einritzen, auf ein Backblech legen, in den Ofen schieben und etwa 10 Minuten backen. Dabei platzen die Schalen auf.

2. Die Maronen herausnehmen, schälen und abkühlen lassen.

3. Die Maronen in ein großes Glas geben und den Essig darüber gießen. Das Glas verschließen. Den Essig etwa 4 bis 5 Wochen durchziehen lassen. In dieser Zeit das Glas häufig schwenken.

4. Den Essig durch ein Filterpapier abseihen, in saubere Flaschen füllen und diese gut verschließen.

VERWENDUNG

Der Essig nimmt den typischen Geschmack der Maronen gut an. Er passt zu Herbst- und Wintersalaten oder kann zum Ablöschen des Bratensatzes von Wildsteaks oder Entenkeulen genommen werden.

Vanille-Ingwer-Essig

1 Vanillestange
2 cm frische Ingwerknolle
250 ml Apfelessig

1. Die Vanillestange längs aufschneiden und halbieren. Die Ingwerwurzel schälen und in dünne Scheiben schneiden. Die Vanille und den Ingwer in ein Glas geben und den Essig darüber gießen.

2. Das Glas verschließen. Den Essig etwa 4 Wochen aromatisieren lassen, dabei häufiger schütteln oder schwenken.

3. Danach den Essig durch Filterpapier abseihen, in eine saubere Flasche füllen und diese gut verschließen.

VERWENDUNG

Probieren Sie Vanilleessig überall da, wo Vanille und Zitrone erforderlich wären, also zum Beispiel in einem Obstsalat. Aber auch zu Möhrenrohkost passt er außerordentlich gut.

Anisessig

250 ml Weißweinessig
12 Sternanis
1 TL weißer Kandis

1. Den Essig in ein sauberes Glas füllen und den Sternanis hineingeben.

2. Das Glas verschließen und den Essig etwa 3 Wochen durchziehen lassen. Dabei das Glas mehrmals gut schütteln.

3. Den Essig abfiltern. Den Kandis in eine Flasche geben und den Essig darauf gießen.

4. Die Flasche gut verschließen. Vor Verwendung des Essigs die Flasche mehrmals wenden, damit sich der Kandis gut im Essig verteilt.

Anisessig eignet sich gut als sanftes Heilmittel bei leichten Erkältungen.

VERWENDUNG

Der Essig ist durch den Kandis besonders mild und schmeckt wunderbar nach Anis. Er passt zum Beispiel zu Karottenrohkost. Auch bei den ersten Anzeichen einer Erkältung ist er angezeigt. Dann kann er verdünnt mit Wasser getrunken oder zum Gurgeln verwendet werden.

Pickles – Sauer Eingelegtes

Haltbarmachung in Essig

Schon die Römer liebten Pickles

In Essig einzulegen, ist keine Erfindung der Neuzeit, sondern neben dem Trocknen, Räuchern und Salzen eine der ältesten Konservierungsmethoden überhaupt. Man weiß, dass bereits die Ägypter verschiedenste Nahrungsmittel einlegten, und die Römer, die aus allen Teilen ihres großen Reiches Lebensmittel bezogen, taten dies ebenfalls.

Unsere Großeltern schätzten sauer bis süßsauer

Die konservierende Wirkung des Essigs ist also schon lange Zeit bekannt. Kochbücher unserer Großeltern verraten, dass im vorigen Jahrhundert sauer oder süßsauer eingelegte Spezialitäten äußerst geschätzt waren. Hier findet man nicht nur Anleitungen zum Einlegen von Gurken oder Zwiebeln, sondern auch für aus unserer Sicht etwas ungewöhnliche Einlegezutaten wie Hagebutten oder Heidelbeeren.

Mit dem Aufkommen von neuen Konservierungsmethoden wie dem Sterilisieren und danach dem Tiefkühlen ging die Vielfalt des sauer Eingelegten zurück, konnten doch nun empfindliche Zutaten vitamin- und geschmacksschonend haltbar gemacht werden. Doch die Klassiker sind als unersetzbare Bestandteile in das Repertoire vieler landestypischen Küchen eingegangen.

Sauer macht nicht alle lustig

Lebensmittel, die nicht besonders behandelt werden, verderben. Das geschieht im Wesentlichen durch ***Enzyme***, die zum Beispiel Vitamine abbauen oder für die Braunfärbung eines angeschnittenen Apfels sorgen, und durch kleinste Lebewesen, so genannte Mikroorganismen. Licht, Sauerstoff und Wärme begünstigen und beschleunigen diesen Prozess.

Enzyme
Stoffe, die wie Katalysatoren im Stoffwechsel von Pflanze, Mensch und Tier wirken.

Säure ...

... hemmt die Aktivität dieser Enzyme, und das ist der Grund, warum man zum Beispiel Äpfel mit Zitronensaft beträufelt, um sie vor dem Braunwerden zu schützen. Saure Bedingungen mögen auch viele Bakterien und Pilze nicht. Sie können unter diesen Umständen nicht überleben und keine Gifte bilden. Bereits bei einer Essig-Konzentration von 0,5 Prozent werden viele Hefen und Bakterien in ihrem Wachstum gehemmt. Aber erst Konzentrationen bis zu neun Prozent töten krankheitserregende Keime ab – dies ist für unser Geschmacksempfinden viel zu sauer.

Zucker und Salz

Deshalb kombiniert man in der Regel verschiedene Konservierungsmethoden. Zucker und Salz zum Beispiel werden nicht nur als Gewürzzutaten, sondern auch zum Haltbarmachen verwendet. Auf Grund ihrer das Wasser bindenden Wirkung verringern sie den Wasseranteil, den die Mikroorganismen nutzen können und entziehen ihnen so die Lebensgrundlage.

Hitze

Ein weiterer Faktor, der die Haltbarkeit von Eingelegtem verlängert, ist das Erhitzen des Einlegesuds, der kochend heiß über die Pickles gegeben wird. Wer diesen Sud nach dem Abkühlen ein zweites Mal erhitzt, erhöht die Haltbarkeit nochmals. Das Sterilisieren der sauren Produkte oder die Verwendung von chemischen Konservierungsmitteln, wie der Einmachhilfe, können ebenfalls die Haltbarkeit verbessern.

TIPP

Neben der Auswahl der richtigen Gemüse- oder Obstsorte ist es vor allem wichtig, nur frische, feste und völlig einwandfreie Produkte zu nehmen. Glück, wer einen Garten sein Eigen nennt und so Gemüse und Obst zum richtigen Zeitpunkt ernten und sofort frisch einlegen kann.

Was kann man alles einlegen?

Sehr viele der gängigen Obst- und Gemüsesorten können in Essig oder in einer Essig-Zucker-Lösung eingelegt werden. Vor allem eignen sich natürlich alle festen Sorten, da sie ihre Konsistenz besser behalten. Dass Gurken, Maiskölbchen, Perlzwiebeln eingelegt werden können, ist wohl bekannt. Sie werden landauf, landab zur Brotzeit gereicht. Zucchini, Kürbis, Blumenkohl, Pfirsiche, Pflaumen etc. muten da schon etwas fremd an. Sie schmecken sauer eingelegt aber sehr gut.

Wie wird's gemacht?

Das Gemüse und die Früchte

Zunächst wird das frische Gemüse oder das Obst gewaschen, geputzt und je nach Größe in gleich große Stücke geschnitten. Danach muss man die einzulegenden Zutaten in der Regel „vorbehandeln". Es stehen zwei Möglichkeiten zur Auswahl:

Vorbehandlung durch Salzen

Das Salzen kann auf zwei verschiedenen Wegen erfolgen. Der erste: Man legt das Gemüse in Salzlake ein, muss dann allerdings darauf achten, dass die Salzkonzentration nicht zu niedrig ist und das Gemüse wirklich in die Salzlake eintaucht. Es wird deshalb mit einem Teller oder einer Schüssel beschwert.

Entweder salzt man das Gemüse ein oder man gart es. Durch diese Vorgänge werden die Zellen aufgebrochen, der Essig kann in die Lebensmittel eindringen und seine konservierende Wirkung entfalten.

Der zweite: Das so genannte Trockensalzen, das aus meiner Sicht wesentlich praktischer ist. Hierbei werden die Stücke gut mit Salz bestreut und mindestens 12 Stunden, am besten über Nacht, stehen gelassen. Nach dem Salzen spült man die Gemüsestücke ab und lässt sie gründlich abtropfen. Zum Einsalzen am besten Glasschalen nehmen.

Vorbehandlung durch Blanchieren

Wird das Gemüse oder werden die Früchte vorher blanchiert, so lässt man sie kurz in kochendem Salzwasser garen. Danach nimmt man die Stücke heraus, schreckt sie kurz mit kaltem Wasser ab und lässt sie gut abtropfen. In manchen Fällen werden die Zutaten auch direkt im Einlegesud gekocht.

Der Einlegesud

Der verwendete Essig sollte mindestens fünf Prozent Säure enthalten. Wer fertigen Essig im Handel kauft, kann sicher sein, dass dies so ist. Wer allerdings seinen selbst hergestellten Weinessig verwenden möchte, sollte vorher eine Säurebestimmung durchführen, denn nicht immer wird dieser Säuregrad bei der häuslichen Essigfabrikation erreicht. Wie das geht, lesen Sie am besten noch einmal auf Seite 70 nach.

TIPP

Verwendet man den Essig für ein Rezept, das keine Erhitzung des Einlegesuds vorschreibt, so ist es ratsam, den eigenen Essig vorher zu erhitzen, um zu verhindern, dass eventuell noch vorhandene Essigbakterien im Sud wieder aktiv werden.

Die Essigsorte

Was die Essigsorte betrifft, so nimmt man am besten einen guten Rotwein-, Weißwein- oder Apfelessig. In England ist auch der Malzessig sehr beliebt, der aber hierzulande nicht immer leicht zu bekommen ist. Bei größeren Einlegemengen, wie zum Beispiel bei Gurken, kann man auch den preiswerteren, geschmacklich neutralen Branntweinessig oder verdünnte Essigessenz verwenden.

Letztlich ist die Wahl des Essigs eine Frage des persönlichen Geschmacks. Wer selber Essig aromatisiert hat und diesen verwenden will, kann sich manchmal das Würzen des Einlegesuds sparen. Der Essig hat bereits selbst ausreichend Aroma. So passt ein Essig mit Kräutern der Provence oder ein Estragonessig gut zu Paprikaschoten oder Zwiebeln, ein Himbeeressig harmoniert mit Schalotten.

Köcheln des Suds

Den Essigsud lassen Sie zusammen mit den Gewürzen für etwa zehn Minuten bei kleiner Hitzezufuhr und im geschlossenen Topf köcheln. Dabei treten die Aromen der Gewürze in den Essig über. Der Sud darf keinesfalls so stark kochen, dass Flüssigkeit verdampft.

SÄUREGEHALT DES SUDS

In manchen Rezepten ist eine mildere Säure gewünscht; und deshalb wird der Essig mit Wasser oder Wein verdünnt. Der fertige Einlegesud sollte aber mindestens noch zwei Prozent Essigsäure enthalten. Als Regel gilt: Den Essig höchstens im Verhältnis zwei zu eins verdünnen, das heißt, auf zwei Teile Essig kommt ein Teil Wasser.

Das Einlegen selbst

Das Wichtigste ist Sauberkeit. Gläser und Deckel müssen vor der Verwendung mit Spülmittel gespült, mit klarem, heißem Wasser nachgespült und ausgekocht werden. Dann lässt man sie auf einem sauberen Tuch kopfüber abtropfen und bedeckt sie ebenfalls mit einem sauberen Tuch. Nichts darf in den Sud oder in das Einlegegut kommen – kein einziges Krümelchen – das könnte die Haltbarkeit der Pickles beeinträchtigen.

Einschichten

Die vorbereiteten Gemüse- und Obststücke kommen in vorbereitete Gläser oder in Steinguttöpfe mit unbeschädigter Glasur. Beschädigtes Steingut sollte nicht zum Einlegen verwendet werden, da in den Schadstellen leicht Schimmelsporen haften bleiben können, die das Eingelegte verderben.

Die Gemüse- und Fruchtstücke beim Einschichten nicht zu dicht aneinander drücken, denn der Essigsud muss alles gut umspülen können. Die Gefäße nicht zu voll füllen, damit der Sud eineinhalb bis zwei Zentimeter überstehen kann.

Bedecken mit Sud

Nun wird alles mit dem Einlegesud übergossen. Entweder wird dieser kalt oder kochend heiß verwendet. Beim kalten Sud bleiben die eingelegten Stücke knackiger, beim heißen Sud werden sie weicher. Diese Tatsache muss man auch bei der Vorgarzeit berücksichtigen. Was nach dem Garen gerade noch genügend Biss hat, kann nach dem Übergießen mit kochendem Sud bereits zu weich sein.

TIPP

Beim Einfüllen von heißem Sud können die Gläser leicht springen. Deshalb sollten sie auf ein feuchtes Tuch gestellt werden.

Das Übergießen von Gemüse und Früchten ist eigentlich keine Schwierigkeit, manchmal bilden sich dabei jedoch Luftblasen. Diese müssen entfernt werden. Am besten ist es, das Glas etwas zu rütteln oder gegen die Glaswand zu klopfen.

Werden die Pickles in Gläsern mit Schraubdeckeln eingelegt, so sollte man sie nach dem Einfüllen des heißen Suds verschließen und etwa fünf Minuten auf dem Kopf stehen lassen.

Schutz vor Schimmel und Fäulnis

Sauer Eingelegtes sollte ständig mit dem Sud bedeckt sein, damit es nicht schimmelt. Wer offene Gefäße verwendet, zum Bei-

TIPP

Bei Früchten wird der Sud meist so lange eingekocht, bis er die Konsistenz eines Sirups hat. Erst dann gibt man ihn über die Früchte.

spiel bei Gurken im Steintopf, muss deshalb hin und wieder kontrollieren, ob nicht zu viel von der Einlegeflüssigkeit verdunstet ist. Eventuell dann noch etwas Sud oder Essig nachgießen.

Einen zusätzlichen Schutz vor Schimmel bietet ein Stück Pergamentpapier in der Größe der Oberfläche, das durch Branntwein oder Essig gezogen und auf das Einlegegut gelegt wird.

Gläser beschriften und Abwarten
Nach dem Füllen und Abkühlen werden die Gläser beschriftet (Inhalt, Abfülldatum) – fertig sind die Pickles. Leider noch nicht ganz zum Verzehr. Vor dem ersten Probieren sollten sie mindestens zwei Wochen durchziehen, damit sich das typische Aroma entwickeln kann. Dieses Zusammenspiel der Zutaten vorherzusehen, ist nicht leicht. Beispielsweise werden scharfe frische Chilischoten oder frische Knoblauchzehen milder, getrocknete Chilischoten bleiben nicht nur scharf, sondern würzen auch die eingelegten Zutaten kräftig.

Das Aufbewahren

Pickles immer kühl, trocken und dunkel aufbewahren. Also am besten in einem ungeheizten, trockenen Kellerraum oder einer kalten Speisekammer.

Pickles sind unterschiedlich lange haltbar, das hängt von der Essigkonzentration und von der Einlegeart ab. Sauer eingelegte Früchte oder Gemüse, die nur in einem verdünnten kalten Essigsud liegen, halten sich nur kurze Zeit. Die meisten anderen Pickles sind drei bis sechs Monate haltbar. Von Zeit zu Zeit sollte man allerdings die Gläser überprüfen. Pickles in gut verschlossenen Gefäßen halten sich zum Beispiel länger als jene in offenen Töpfen.

Angebrochene Gläser sollten Sie im Kühlschrank aufbewahren und innerhalb von einer Woche verbrauchen.

Wer gerne große Mengen in Steinguttöpfen einlegt, darf nur mit ganz sauberen Bestecken etwas herausnehmen.

Hat sich einmal Schimmel gebildet oder fängt der Gläserinhalt an zu gären, sollte man die Pickles wegwerfen. Das gilt auch dann, wenn der Inhalt nicht mehr gut riecht oder beim Öffnen des Deckels Gas entweicht.

1. Gemüse und / oder Früchte waschen und in gleich große Stücke schneiden.

2. Das klein geschnittene Gemüse zum Blanchieren kurz in kochendes Wasser geben.

3. Den Einlegesud vorbereiten und mit den Gewürzen etwa 10 Minuten köcheln lassen.

4. Das vorbereitete Gemüse in Gläser einschichten, dabei den nötigen Platz für den Sud lassen.

5. Zum Schluss alles mit dem Sud übergießen. Luftblasen durch Rütteln entfernen. Gläser verschließen.

TIPP

Wenn Sie für die Pickles Gläser mit Schraubdeckelverschluss verwenden, stellen Sie sie nach dem Einfüllen des heißen Suds für etwa fünf Minuten auf den Kopf.

Rezepte

Eingelegte Zucchini mit Ingwer

scharf

1 kg Zucchini
10 Knoblauchzehen
60 g frischer Ingwer
700 ml Weißweinessig
300 ml Wasser
160 g Zucker
2 Tl Senfkörner
1 Tl bunter Pfeffer
1 Tl Salz

1. Die Zucchini waschen, längs vierteln und in dünne Scheiben schneiden (etwa ½ cm dick). Knoblauch und Ingwer schälen. Den Ingwer in dünne Scheiben schneiden.

2. Zucchinischeiben, Knoblauch und Ingwer in saubere Gläser schichten.

3. Essig, Wasser, Zucker und Gewürze kochen, bis sich der Zucker aufgelöst hat. Den Sud noch heiß über die Zucchini geben und die Gläser verschließen.

4. Die Zucchini einen Tag durchziehen lassen. Dann den Sud wieder abgießen, ihn nochmals aufkochen lassen. Den heißen Sud wieder in die Gläser geben und diese gut verschließen.

VERWENDUNG

Eingelegte Zucchini mit Ingwer passen gut zu einer indischen Reistafel.

Zucchinipickles mit Kurkuma

würzig

1 kg Zucchini
1 große rote Paprikaschote
2 Zwiebeln
2 El Salz
600 ml Weißweinessig
400 g Zucker
1 Tl Senfkörner
1 Prise Nelkenpulver
½ Tl Kurkuma

1. Die Zucchini schälen, vierteln, entkernen und in dickere Scheiben schneiden.

2. Die Paprikaschote und die Zwiebeln putzen, die Paprika entkernen und in dünne Streifen schneiden.

3. Das Gemüse mit dem Salz bestreuen und 12 Stunden durchziehen lassen.

4. Das entstandene Wasser abgießen, das Gemüse abspülen und abtropfen lassen.

5. Den Essig und den Zucker zusammen mit den Gewürzen zum Kochen bringen und einige Minuten durchkochen lassen.

6. Das Gemüse in den Sud geben und kurz aufkochen.

7. Das Gemüse in saubere Gläser schichten und mit dem Sud begießen.

8. Die Gläser gut verschließen.

Rote-Bete-Pickles

würzig

1 kg Rote Bete
600 ml Weißweinessig
600 g Zucker
2 Tl getrocknete grüne Pfefferkörner
4 Lorbeerblätter
2 kleine getrocknete Chilischoten
2 Tl Wacholderbeeren
1 Tl Salz
1 mittelgroßer Apfel

1. Die Roten Beten waschen, schälen und in etwa 1 cm große Würfel schneiden.

2. Den Essig zusammen mit dem Zucker, den Pfefferkörnern, den Lorbeerblättern, den zerkrümelten Chilischoten, den Wacholderbeeren und dem Salz erhitzen, bis sich der Zucker aufgelöst hat.

3. Die Roten Beten in den Sud geben und in etwa 30 Minuten bissfest garen.

4. In der Zwischenzeit den Apfel schälen, das Kerngehäuse entfernen und den Apfel ebenfalls in Würfel schneiden.

5. Den Apfel zu den Roten Beten geben und das Ganze noch einmal 5 bis 10 Minuten köcheln, der Apfel darf nicht zerfallen, sollte aber weich sein. Die Gardauer hängt stark von der Apfelsorte ab.

6. Die Roten Beten und die Äpfel zusammen mit den Gewürzen in saubere Gläser füllen. Den Sud noch etwas einkochen lassen und dann über die Roten Beten und die Äpfel gießen. Die Gläser verschließen.

7. Am nächsten Tag den Sud abgießen und noch einmal aufkochen lassen. Ihn dann wieder über die Roten Beten gießen. Die Gläser gut verschließen.

TIPP

Wer es gerne scharf mag, nimmt zwei bis drei frische Chilischoten. Anstelle des Weißweinessigs kann man sehr gut einen selbst gemachten Lorbeeressig verwenden.

Eingelegte Rote Beten sind aus der Küche kaum noch wegzudenken und vielseitig einzusetzen. Eine Besonderheit stellt allerdings dieses Rezept bei Verwendung des leicht süßlich schmeckenden Aceto balsamico dar.

Balsamico-Beten

mild

1,25 kg Rote Bete
etwas Salz
1 Bund Frühlingszwiebeln
500 ml Aceto balsamico
1 El Kreuzkümmel
1 El Senfkörner

1. Die Roten Beten putzen, waschen und in reichlich Salzwasser bissfest kochen. Das dauert je nach Größe der Roten Beten bis zu einer Stunde.

2. Die Roten Beten abschrecken, schälen und in dünne Stifte schneiden.

3. Die Frühlingszwiebeln putzen, waschen und in schmale Ringe schneiden.

4. Aceto balsamico, ¼ l Wasser und die Gewürze zum Kochen bringen und etwa 10 Minuten köcheln lassen.

5. Die Roten Beten und die Zwiebeln in Gläser mit einem Schraubdeckel schichten, den kochenden Sud darüber gießen. Die Gläser fest verschließen und für 5 Minuten auf den Kopf stellen.

Kürbis-Zitronen-Pickles

mild, zitronig

800 g Kürbisfleisch (Gartenkürbis)
Schale von 1 unbehandelten Zitrone
600 ml Weißweinessig oder Zitronenessig (siehe Seite 86)
Saft von 1 Zitrone
4 Gewürznelken
100 g Zucker

1. Das Kürbisfleisch in etwa 1 ½ cm große Würfel schneiden. Die Zitronenschale in Stücke schneiden.

2. Den Essig, 300 ml Wasser, den Zitronensaft und die Schale, Gewürznelken und Zucker in einen Topf geben und aufkochen lassen.

3. Das Kürbisfleisch dazugeben und bissfest garen.

4. Den Kürbis in saubere Gläser mit einem Schraubdeckel geben und den Sud darüber gießen.

5. Die Gläser fest verschließen und für 5 Minuten auf den Kopf stellen.

Kürbis-Dattel-Pickles

mild

200 g frische Datteln
150 ml trockener Sherry
1 Gartenkürbis (1½ - 2 kg)
2 El Szechuanpfeffer
600 g Zucker
600 ml Apfelessig
1 Sternanis
1 Tl Salz

1. Die Datteln halbieren, entkernen, mit dem Sherry begießen und etwa 3 Stunden weichen lassen.

2. Den Kürbis halbieren und die Kerne herauslösen. Das Fruchtfleisch schälen und in kleine Stücke schneiden. Das ergibt ungefähr 1 kg Kürbisstücke.

3. Den Szechuanpfeffer in einer trockenen Pfanne anrösten, bis er zu duften beginnt.

4. Zucker, Essig, Sternanis, Salz und Szechuanpfeffer bei mittlerer Hitzezufuhr so lange köcheln, bis sich der Zucker und das Salz aufgelöst haben.

5. Die Kürbisstücke in den Sud geben und etwa 15 Minuten garen. Sie sollten weich, aber noch bissfest sein. Die Kürbisstücke aus dem Sud heben.

6. Den Kürbis und die Datteln in saubere Gläser schichten. Den Sud noch einmal aufkochen und heiß darüber geben.

7. Am nächsten Tag den Sud abgießen, erneut aufkochen und heiß über den Kürbis geben. Die Gläser gut verschließen.

VARIATION

Wer keine Datteln mag, kann den Kürbis auch ohne sie im Apfelessigsud einlegen oder anstelle der Datteln getrocknete Aprikosen nehmen.

TIPP

Szechuanpfeffer ist ein aromatisches Gewürz aus den getrockneten Samenschalen eines Pfefferstrauches. Sein Geschmack ist nicht mit Pfeffer zu vergleichen. Wenn man keinen Szechuanpfeffer bekommt, sollte man Koriander nehmen, diesen dann aber nicht anrösten.

Dillgurken

würzig

- *1,5 kg kleine Gartengurken*
- *150 g Salz*
- *8 Schalotten*
- *300 g Zucker*
- *600 ml Weißweinessig*
- *1 EL Senfkörner*
- *1 Bund Dill oder einige Dillblüten*
- *4 Zweige Estragon*

1. Die Gurken schälen, halbieren und die Kerne mit einem Löffel herauskratzen. Die Gurkenhälften in etwa 2 cm dicke Scheiben schneiden. Das Salz darüber streuen und die Gurken mindestens 12 Stunden stehen lassen.

2. Nach dieser Zeit die Gurken mit Wasser gründlich abspülen und abtropfen lassen. Die Schalotten schälen und halbieren. Gurken und Schalotten in saubere Gläser schichten.

3. Den Zucker, den Essig und die Senfkörner aufkochen. Die Kräuter waschen und in den Sud legen. Alles ganz kurz erhitzen.

4. Den Sud über die Gurken und die Senfkörner geben und den Deckel der Gläser auflegen.

5. Nach 3 Tagen den Sud abgießen und nochmals durchkochen lassen. Den Sud wieder über die Gurken gießen und die Gläser gut verschließen. Gläser für 5 Minuten auf den Kopf stellen.

Eine Variation des Klassikers: Essiggurken mit Paprikawürfeln

Eingelegte Pilze

mild

- *500 g kleine frische Champignons*
- *300 ml Weißweinessig*
- *1 Tl Salz*
- *60 g Zucker*
- *1 Lorbeerblatt*
- *½ Zweig frischer Rosmarin*
- *2 Zweige Thymian*
- *1 Tl rosa Pfefferkörner*
- *1 Knoblauchzehe*

1. Die Champignons mit einem Küchentuch gründlich abreiben. Die Stiele auf der Höhe des Pilzhutes abschneiden. Anschließend die Pilze in kaltem Wasser kurz waschen und trockentupfen.

2. Reichlich leicht gesalzenes Wasser erhitzen und die Champignons darin etwa 10 Minuten garen. Herausnehmen und gut abtropfen lassen.

3. Den Essig, das Salz und den Zucker zusammen mit dem Lorbeerblatt, dem Rosmarin, dem Thymian und den Pfefferkörnern erhitzen. Die Knoblauchzehe schälen und dazugeben. Den Sud etwa 10 Minuten bei mittlerer Hitzezufuhr köcheln lassen.

4. Die Champignons in saubere Gläser füllen. Dann mit dem kochenden Sud übergießen.

5. Am nächsten Tag den Sud abgießen, noch einmal durchkochen und wieder kochend heiß über die Pilze füllen. Die Gläser mit einem Twist-off-Deckel gut verschließen und für 5 Minuten auf den Kopf stellen.

TIPP

Pilze sind sehr empfindlich und rasch verderblich. Geöffnete Gläser deshalb im Kühlschrank aufbewahren und die Pilze innerhalb von einer Woche verbrauchen.

Karibische Chilipickles

fruchtig, leicht scharf

- *250 g frische Chilischoten*
- *5 Frühlingszwiebeln*
- *1 nicht zu reife Mango*
- *325 ml Weißweinessig*
- *½ Tl Pimentkörner*
- *½ Tl schwarze Pfefferkörner*
- *1 Tl Salz*

1. Die Chilischoten waschen, vierteln und die Samen sowie die Trennwände herausschneiden. Die Schoten in 4 bis 5 cm lange Stücke schneiden.

2. Die Frühlingszwiebeln putzen und waschen. Nur die weißen und hellgrünen Teile der Zwiebeln verwenden.

3. Das Fruchtfleisch der Mango an beiden Seiten des Kerns abschneiden. Das Mangofleisch schälen und das Fruchtfleisch in große Würfel schneiden. Eventuell noch Fruchtfleisch vom Kern schneiden. Es sollten aber nicht zu kleine Würfel sein.

4. Reichlich Salzwasser erhitzen. Zuerst die Chilischoten darin 3 bis 4 Minuten garen. Die Schotenstücke herausnehmen, mit kaltem Wasser abschrecken und abtropfen lassen.

5. Dann die Frühlingszwiebeln etwa 1 Minute im Salzwasser garen, ebenfalls herausnehmen, kalt abschrecken und abtropfen lassen.

6. Nun die Mangostücke etwa 3 Minuten blanchieren, herausnehmen, kalt abschrecken und abtropfen lassen.

7. Den Essig zusammen mit 100 ml Wasser, den Pimentkörnern, den Pfefferkörnern und dem Salz aufkochen und etwa 10 Minuten bei geringer Hitzezufuhr köcheln lassen.

8. Die Chilischoten, die Frühlingszwiebeln und die Mangos in saubere Gläser schichten. Mit dem Sud übergießen, die Gläser mit einem Twist-off-Deckel gut verschließen und für 5 Minuten auf den Kopf stellen.

TIPP

Die Chilischoten, die frisch höllisch scharf sind, werden durch das Liegen im Essigsud milder. Also keine Angst vor diesen Pickles. Sie sind eine ideale Ergänzung zu gegrilltem Fleisch.

Paprikapickles

sauer, würzig

1 kg Paprikaschoten (rote, grüne, gelbe)
4 El grobes Meersalz
400 ml Weißweinessig
verschiedene Zweige von Kräutern der Provence (Thymian, Rosmarin, Oregano, Lavendelblüten)
3 Knoblauchzehen
1 Zwiebel
1 Tl schwarze Pfefferkörner

1. Die Paprikaschoten waschen, in Streifen schneiden und dabei das Kerngehäuse entfernen. Die Paprikaschoten in eine Schüssel geben, mit dem Salz bestreuen und mindestens 24 Stunden stehen lassen.
2. Danach das sich gesammelte Wasser abgießen, die Paprikaschoten abspülen und gut abtropfen lassen.
3. Den Essig zusammen mit 100 ml Wasser und den gewaschenen Kräuterzweigen in einen Topf geben. Den Knoblauch und die Zwiebel schälen und in Scheiben schneiden. Knoblauch, Zwiebel und Pfefferkörner zum Essig geben.
4. Den Sud langsam erhitzen und bei geringer Hitzezufuhr etwa 10 Minuten köcheln lassen. Danach wieder abkühlen lassen.
5. Die Paprikaschoten in sterilisierte Gläser füllen und mit dem Sud begießen.
6. Die Gläser mit sauberen Twist-off-Deckeln verschließen.

Bunte Paprikapickles beleben jedes Partybüfett.

Aus der Balkanküche kennen wir den eingelegten, herzhaften Krautsalat. Eine interessante Variante hierzu stellt der Weißkohl im Soja-Essig-Sud dar, pikant gewürzt mit Chilischote, Knoblauch und Ingwerknolle.

Eingelegte Schalotten

mild

1 kg Schalotten
400 ml Rotweinessig
200 g Zucker
2 Tl Senfkörner
2 Tl schwarze Pfefferkörner
2 Tl Salz
½ kleine Stange Meerrettich

1. Die Schalotten schälen und je nach Größe halbieren oder ganz lassen.

2. Den Essig, 200 ml Wasser, den Zucker und die Gewürze in einen Topf geben auf aufkochen lassen.

3. Die Schalotten in diesen Sud geben und etwa 10 Minuten bei geringer Hitzezufuhr köcheln lassen.

4. In der Zwischenzeit den Meerrettich schälen und in sehr dünne Scheiben schneiden.

5. Den Meerrettich zu den Schalotten geben und beides zusammen noch etwa 5 Minuten köcheln.

6. Schalotten und Meerrettich in saubere Gläser füllen. Den Sud nochmals erhitzen und heiß über das Gemüse geben.

7. Am nächsten Tag die Schalotten und den Meerrettich abgießen, den Sud erneut erhitzen und wieder über das Gemüse geben.

8. Die Gläser gut verschließen.

Weißkohl im Soja-Essig-Sud

scharf

1 kleiner Kopf Weißkohl (ca. 1,2 kg)
6 El Salz
1 große rote frische Chilischote
6 Knoblauchzehen
6 cm frische Ingwerknolle
200 ml Ketjap Manis (indonesische milde Sojasauce)
600 ml Weißweinessig
100 g Zucker

1. Die äußeren unansehnlichen Blätter des Kohlkopfs entfernen. Den Kohl waschen, achteln und die Achtel in feine Streifen schneiden oder den Kohl hobeln.

2. Den Kohl mit dem Salz in einer Schüssel gut mischen und mindestens 24 Stunden stehen lassen.

3. Nach dieser Zeit den Kohl in ein Sieb geben und

gründlich mit Wasser abbrausen, ausdrücken und abtropfen lassen.

4. Die Chilischote waschen, längs halbieren und die Kerne entfernen. Die Chilischote quer in feine Streifen schneiden.

5. Die Knoblauchzehen schälen und fein hacken. Den Ingwer schälen und fein reiben.

6. Den Kohl, die Chilistreifen, den Knoblauch und den Ingwer sehr gut mischen. Die Kohlmischung in saubere Gläser mit einem Schraubdeckelverschluss geben.

7. Die Sojasauce, den Essig, den Zucker und 300 ml Wasser in einen Topf geben und so lange erhitzen, bis sich der Zucker aufgelöst hat.

8. Den Sud kochend heiß über den Kohlsalat geben. Die Gläser gut verschließen und für 5 Minuten auf den Kopf stellen.

Blumenkohl im Currysud

mild

1 Blumenkohl (ca. 1 kg)
Salz
700 ml Weißweinessig
150 g Zucker
2 Tl Senfkörner
6 Pimentkörner
1 El mildes Currypulver
2 große dicke Knoblauchzehen

1. Den Blumenkohl putzen, waschen und in kleine Röschen teilen. Die Blumenkohlröschen in reichlich Salzwasser knapp 5 Minuten blanchieren, danach herausnehmen, mit kaltem Wasser abbrausen und abtropfen lassen.

2. Den Weißweinessig, 400 ml Wasser und den Zucker in einen Topf geben.

3. Die Senfkörner und die Pimentkörner in einem Mörser zerstoßen, anschließend zu dem Essigsud geben.

4. Das Currypulver und 1 Esslöffel Salz ebenfalls zum Sud geben und diesen so lange köcheln lassen, bis sich der Zucker und das Salz aufgelöst haben.

5. Die Knoblauchzehen schälen und vierteln.

Für alle, die es nicht ganz so scharf mögen: Blumenkohl in mildwürzigem Currysud.

6. Den Blumenkohl zusammen mit den Knoblauchstücken in saubere Gläser füllen, dabei die Blumenkohlröschen nicht drücken.

7. Den kochenden Sud über den Blumenkohl geben und die Gläser schließen.

8. Den Blumenkohl mindestens 12 Stunden durchziehen lassen.

9. Den Sud am nächsten Tag abgießen, erneut aufkochen lassen und über den Blumenkohl gießen.

10. Die Gläser verschließen.

Eingelegter Knoblauch

mild

3 dicke Knoblauchknollen (ca. 250 g)
1 Tl rosa Pfefferkörner
1 Tl Szechuanpfeffer
150 g Zucker
250 g Rotweinessig
2 kleine getrocknete Chilischoten
1 Tl Salz

1. Den Knoblauch in die einzelnen Zehen zerteilen und diese schälen.

2. Die rosa Pfefferkörner und den Szechuanpfeffer im Mörser grob zerstoßen, anschließend in einen Topf geben.

3. Den Zucker, den Essig, die Chilischoten und das Salz dazugeben und alles zum Kochen bringen.

4. Diesen Sud etwa 10 Minuten bei geringer Hitzezufuhr köcheln lassen.

5. Die Knoblauchzehen dazugeben und etwa 5 Minuten darin ziehen lassen.

6. Den Knoblauch herausnehmen und in saubere Gläser geben. Den Sud noch einmal aufkochen und darüber gießen.

7. Die Gläser gut verschließen.

TIPP

Diese Knoblauchzehen schmecken auch allen, denen der Knoblauch sonst zu streng ist. Durch die Säure wird er milder und runder.

Melonenkugeln im Senfsud

mild

1 nicht zu reife Honigmelone (ca. 850 g)
20 g frischer Ingwer
1 El rosa Pfefferkörner
1 El Senfkörner
½ Tl Salz
130 g Blütenhonig
200 ml Apfelessig

1. Die Melone quer halbieren. Die Kerne mit einem Löffel herauskratzen. Das Fruchtfleisch mit einem Kugelausstecher herauslösen.

2. Den Ingwer schälen und in hauchdünne Scheiben schneiden. Die Pfeffer- und die Senfkörner in einem Mörser grob zerstoßen.

3. Den Pfeffer und den Senf, das Salz, den Honig und den Essig in einen Topf geben und langsam erhitzen, bis sich der Honig aufgelöst hat.

4. Die Melonenkugeln und den Ingwer in saubere Gläser geben, den Sud etwas einkochen lassen und darüber gießen.

5. Die Gläser mit einem Twist-off-Deckel gut verschließen und für 5 Minuten auf den Kopf stellen.

Essig-Portwein-Zwetschgen

süß, mit leicht saurer Note

1 kg Zwetschen
150 ml Portwein
150 ml Rotweinessig
50 g Zucker
1 Tl schwarze Pfefferkörner
2 Gewürznelken
½ Stange Zimt

1. Die Zwetschgen waschen, halbieren und entkernen.

2. Portwein, Essig, Zucker und Gewürze langsam erhitzen, bis der Zucker sich aufgelöst hat.

3. Die Zwetschgen in zwei Portionen etwa 3 bis 4 Minuten bei geschlossenem Topf in dem Sud köcheln lassen.

4. Die Zwetschgen in Twist-off-Gläser füllen, dann den Sud darüber gießen. Die Zwetschgen müssen gut mit Sud bedeckt sein. Die Gläser verschließen und für etwa 5 Minuten auf den Kopf stellen.

TIPP

Anstelle der Zwetschgen kann man natürlich auch Pflaumen nehmen.

TIPP

Reife Pfirsiche lassen sich manchmal auch ohne vorheriges Abkochen häuten. In diesem Fall die Haut einfach mit einem kleinen Küchenmesser abziehen. Allerdings muss man darauf achten, dass die Früchte nicht überreif und weich sind und eventuell schon einige Druckstellen aufweisen. Diese Früchte können nicht mehr verwendet werden.

Eingelegte Pfirsiche

fruchtig

1 kg feste Pfirsiche
400 ml Weißweinessig oder Malzessig
360 g brauner Zucker
1 Tl Senfkörner
1 Tl Kreuzkümmel
1 Tl getrockneter Thymian
1 Tl Salz

1. Die Pfirsiche in kochendes Wasser geben. Die Früchte herausnehmen, mit kaltem Wasser abbrausen und die Haut abziehen. Die Pfirsiche vierteln und die Viertel vorsichtig vom Kern ablösen.

2. Den Essig, den Zucker, die Senfkörner und den Kreuzkümmel in einen Topf geben. Den Thymian und das Salz zu dem Sud geben.

3. Den Würzsud erhitzen. Die Pfirsichviertel vorsichtig in den Sud legen und etwa 2 Minuten bei geringer Hitzezufuhr köcheln lassen. Die Pfirsiche sollten danach noch fest sein.

4. Die Pfirsiche in saubere Gläser schichten. Den Sud noch einmal kurz aufkochen und dann über die Pfirsiche geben. Bevor die Gläser verschlossen werden, Butterbrotpapier zerknüllen und auf die Pfirsiche legen, damit diese in die Flüssigkeit gedrückt werden. Die Gläser verschließen.

5. Am nächsten Tag das Papier entnehmen, die Flüssigkeit abgießen und erneut aufkochen lassen.

6. Die Flüssigkeit über die Pfirsiche gießen, sie müssen vollständig bedeckt sein. Dann die Gläser verschließen und 5 Minuten auf den Kopf stellen. Die Pfirsiche steigen nach dem nochmaligen Erhitzen des Suds meist nicht mehr auf, sie haben sich gut voll gesogen.

Exotische Apfelringe

fruchtig, würzig

600 g Äpfel, eine feste säuerliche Sorte
1 unbehandelte Zitrone
50 g frischer Ingwer
200 ml Weißwein- oder Apfelessig
100 ml herber Cidre
50 g Zucker
3 Gewürznelken
2 Zimtstangen
1 kleines Döschen Safran

1. Die Äpfel schälen und das Kerngehäuse mit einem Apfelausstecher herausstechen.

2. Die Zitrone heiß abwaschen, abreiben und mit einem Zestenreißer die Schale abziehen. Die Zitrone auspressen.

3. Den Ingwer schälen und in dünne Scheiben schneiden.

4. Zitronensaft, Essig, Cidre, Zucker und Gewürze in einem Topf zum Kochen bringen und etwa 10 Minuten köcheln lassen.

5. In der Zwischenzeit die Äpfel quer in dünne Scheiben schneiden und in Gläser schichten.

6. Den kochend heißen Sud über die Äpfel geben, dabei die Gewürze und die Zitronenschalen gleichmäßig verteilen.

7. Die Gläser fest mit einem Twist-off-Deckel verschließen und für 5 Minuten auf den Kopf stellen.

Fruchtige Rotweinbirnen

mild, würzig

400 ml Cassisessig (siehe Seite 84), Brombeeressig oder Rotweinessig
200 ml Rotwein
200 g brauner Zucker
1 Zimtstange
4 Gewürznelken
4 Pimentkörner
1 Tl Früchtetee
3 Zweige frischer Thymian
1 kg feste Birnen

1. Den Rotweinessig, den Rotwein und den Zucker in einen Topf geben. Die Gewürze, den Früchtetee und den Thymian dazugeben.

2. Den Sud erhitzen und bei geringer Hitzezufuhr etwa 10 Minuten köcheln lassen.

TIPP

Die Birnen bleiben anfangs nicht im Sud liegen, sondern schwimmen an die Oberfläche. Deshalb etwas zerknülltes Pergamentpapier auf die Birnen legen und sie so in den Sud drücken. Nach einer Woche das Papier entfernen.

3. In der Zwischenzeit die Birnen schälen, achteln und das Kerngehäuse entfernen. Die Birnenachtel noch einmal halbieren.

4. Die Birnen in den Sud geben und etwa 3 Minuten garen. Sie sollten noch recht bissfest sein.

5. Die Birnen herausnehmen und in saubere Gläser füllen. Den Thymian aus dem Sud nehmen.

6. Den Sud bei großer Hitzezufuhr stark einkochen. Er sollte sirupartig sein. Den Sud dann über die Birnen gießen. Die Gläser mit einem Twist-off-Deckel gut verschließen und für 5 Minuten auf den Kopf stellen.

Karamellquitten mit Fenchel

mild

1 kg Quitten
500 g Zucker
600 ml Apfelessig
2 unbehandelte Orangen
2 Tl Fenchelkörner

1. Von den Quitten mit einem Tuch den pelzigen Belag abreiben. Dann die Quitten schälen, vierteln und das Kerngehäuse entfernen. Die Quittenviertel halbieren und längs in dünne Scheiben schneiden.

2. Den Zucker in einen Topf geben, mit 3 Esslöffel Wasser beträufeln und bei mittlerer Hitzezufuhr karamellisieren lassen. Gegen Ende des Karamellisierens den Topf ab und zu schwenken.

3. Den Karamell mit dem Apfelessig ablöschen. Dabei gut rühren, bis sich der Karamell im Essig gut aufgelöst ist.

4. Die Orange waschen, trocknen und mit einem ***Zestenreißer*** die Schale abschälen. Die Orangenschale in den Sud geben.

5. Die Quitten in den Sud legen, den Fenchel dazugeben und die Quitten bei mittlerer Hitzezufuhr 15 bis 20 Minuten köcheln. Sie sollten weich, aber noch bissfest sein.

6. Die Quitten in saubere Gläser füllen. Den Sud sirupartig einköcheln lassen und über die Quitten gießen.

7. Nach 2 bis 3 Tagen den Sud der Quitten abgießen, noch einmal aufkochen lassen und erneut über die Quitten gießen. Die Gläser gut verschließen.

*Ein **Zestenreißer** ist ein Küchenwerkzeug mit dem die Schale von Zitrusfrüchten in feinen Streifen abgerissen werden kann. Die weiße innere Haut bleibt unverletzt. Ist kein Zestenreißer vorhanden, so muss man die Schale dünn von der Orange abschneiden, die weiße innere Haut sollte nicht mit abgeschnitten werden. Die Schale danach in sehr dünne Streifen schneiden.*

Sherrytrauben

fruchtig, mild

350 g rote Weintrauben
150 ml Sherryessig
100 ml Sherry medium
150 g Zucker
1 Vanilleschote

1. Die Trauben waschen. Die Beeren von den Stielen zupfen, halbieren und entkernen.

2. Essig, Sherry und Zucker in einem Topf zum Kochen bringen.

3. Die Vanilleschote längs aufschlitzen und dann in 4 Stücke schneiden. Die Schotenstücke in den Sud geben.

4. Die Trauben in saubere Gläser mit Schraubdeckelverschluss füllen. Den Sud darüber gießen.

5. Nach drei Tagen den Sud abgießen, noch einmal aufkochen lassen und wieder über die Trauben geben. Die Gläser fest verschließen und für 5 Minuten auf den Kopf stellen.

Sherrytrauben gelingen selbstverständlich auch mit weißen Trauben – oder wie hier aus einer Mischung von roten und weißen Trauben.

Chutneys und Relishes

Pikant und säuerlich

Ein Chutney ist (k)ein Relish

Chutneys und Relishes zu beschreiben und sie gegeneinander abzugrenzen, ist nicht leicht. Sehr ähnlich sind sich beide, und viele verwenden diese beiden Begriffe deshalb synonym. Trotzdem soll hier versucht werden, die beiden Begriffe voneinander zu unterscheiden. Zunächst jedoch die Gemeinsamkeit: Chutney und Relish sind – nüchtern betrachtet – pikante, säuerliche Saucen, die kalt gegessen werden.

Chutneys und Relishes unterscheiden sich vor allem hinsichtlich ihrer Konsistenz: Ein Chutney ist homogener, marmeladenartiger als ein Relish, das zumeist stückiger bleibt und auch meist etwas säuerlicher schmeckt. Doch die Grenzen sind fließend – und das macht die Zuordnung der Saucen selbst für Profis schwer.

Chutneys

Grundlage eines ***Chutneys*** sind verschiedene Gemüse- und Obstsorten. Sie werden mit Essig, Zucker und Gewürzen so lange gekocht, bis die Flüssigkeit verdampft und die Zutaten weich sind und zerfallen. Die Sauce wird dick, fast marmeladenartig. Nicht selten liegt die Kochzeit eines Chutneys deshalb bei einer Stunde und mehr. In dieser Zeit verbinden sich die Aromen der einzelnen Komponenten.

Das **Chutney** *kommt aus Indien, und von hier haben die Engländer auch den Namen „chatni“ übernommen. Das ist Hindi und heißt „zum Lecken“.*

Von süß bis „höllisch“ scharf

Auf Grund der langen Garzeit werden Chutneys auf Vorrat gekocht und gelagert. Doch das ist nicht überall so. In Indien, der Heimat der Chutneys, bereitet man sie häufig frisch zu. So unterschiedlich die einzelnen Regionen dieses großen Landes sind, so unterschiedlich sind dort auch die Chutneys: Das Angebot reicht von süßen Varianten, die die Schärfe vieler indischer Gerichte mildern, bis hin zu Chutneys, die höllisch scharf sind.

Viel mehr als nur Mango-Chutney

Der Klassiker unter den Chutneys und hierzulande wohl auch am bekanntesten ist Mangochutney. Die aromatische Süße dieser so genannten „King of Fruit“ verbindet sich harmonisch mit anderen Zutaten und Gewürzen und kann sowohl die Basis für ein mildes als auch für ein scharfes Chutney sein.

Ausgehend von Indien kamen mit den Handelsaktivitäten der Ostindischen Kompanie die Chutneys nach Europa und stießen in England auf wahre Begeisterung. Die säuerlichen Saucen zu Fleisch und Fisch kamen in Mode und sind heute vielerorts beliebt.

Doch nicht nur Mangos, sondern auch heimische Gemüse- und Fruchtsorten liefern Zutaten für ein richtiges Chutney, und das rund ums Jahr: zum Beispiel Rhabarber im Frühsommer, Beeren im Sommer, Äpfel, Quitten im Herbst und Zitrusfrüchte im Winter.

Relishes und andere Saucen

Die Zutaten für ein Relish sind die gleichen, die auch für ein Chutney genommen werden könnten. Doch werden sie für das Relish meist feiner gehackt und mit Salz, Zucker sowie Gewürzen nur kurz gekocht. Auch rohe Relishes sind keine Seltenheit. Diese werden kurz vor dem Gebrauch zubereitet und sind deshalb nur ein paar Tage im Kühlschrank haltbar.

KEIN BARBECUE OHNE RELISHES

Der Begriff Relish entstammt dem englischen Sprachraum und wird vielfach mit der amerikanischen Küche in Verbindung gebracht. Er steht für Geschmack, Würze, Behagen, Genuss. Ohne Relishes wäre ein typisch amerikanisches Barbecue nur eine halbe Sache, denn Steaks und richtigen Hamburgern geben sie erst die wahre Würze. Entsprechend vielfältig ist das Relish-Angebot.

Pikante süßsaure Saucen findet man übrigens in vielen Ländern. So sind zum Beispiel in Mexiko die „Salsas“ zu Hause, in der Karibik gibt es kalte scharf-säuerliche Mangosaucen, in der südostasiatischen Küche die Sambals.

Geliebt – gehasst: der Ketchup

Auch Ketchup zählt im Grunde zu dieser Kategorie von Saucen. Seine Heimat liegt in Ostindien, enthält aber dort einen Extrakt aus Fisch und Schalentieren. Bei uns ist Ketchup „Klassik“ aus Tomaten und in dieser Version in jeder Fastfood-Küche zu finden. Leider ersticken die roten, immer gleich schmeckenden Saucen so manches Gericht, und wahre Feinschmecker mögen sich deshalb davon distanzieren. Von einem guten Ketchup aus vollreifen Sommertomaten, gewürzt mit frischem Basilikum oder vielleicht auch mit Curry beziehungsweise Tabasco, sollten jedoch auch Sie einmal probieren.

Am Ketchup scheiden sich die Geister. Die einen mögen kaum eine Mahlzeit ohne die rote Sauce, andere verbannen sie vollständig aus ihrer Küche. Letzteres hat er aber eigentlich auch nicht verdient, denn aus reifen, vollaromatischen Tomaten mit raffinierten Gewürzen versehen, ist das selbst gemachte Tomatenketchup eine kleine Delikatesse.

Die idealen Begleiter

Chutneys und Relishes sind eine wunderbare Beilage zu gegrilltem Fleisch, gebratenem Geflügel oder Braten. Aber auch zu gedünstetem Fisch passen sie gut. Manche mögen die süßsauren Saucen gerne zu Käse, allerdings sollte dieser dann keinen zu strengen Eigengeschmack haben. Also am besten einen milden jungen Gouda oder einen Frischkäse wählen.

Auch in der fleischlosen Küche sind die pikanten Saucen beliebt, hier werden sie zu Getreidepuffern oder zu Hülsenfrüchten gereicht. Und natürlich – aber darauf muss eigentlich gar nicht erst extra hingewiesen werden – sind sie obligatorisch für viele Gerichte fremdländischer Küchen.

Die Zubereitung und Aufbewahrung

Reife Früchte und Gemüse

Für ein Chutney können die Früchte und Gemüse richtig reif sein, dürfen aber keinesfalls zu faulen oder zu gären beginnen. Leichte Druckstellen schneidet man großzügig heraus. Für Relishes, die nicht so lange gekocht werden, nimmt man reife, aber nicht überreife, einwandfreie Rohprodukte.

Langsam einkochen

Das Gemüse oder das Obst wird gewaschen, geputzt und klein geschnitten und dann mit einer Mischung aus Zucker und Essig sowie verschiedensten Gewürzen in einen Topf gegeben und ganz langsam eingekocht, am besten bei geringster Hitzezufuhr. Anfangs genügt es, hin und wieder mit einem Holzlöffel durchzurühren. In der Endphase des Garprozesses ist es bei vielen Chutneys aber unerlässlich, ständig zu rühren, damit die Sauce nicht am Topfboden anbrennt.

Das Chutney ist fertig, …
… wenn es eine dicke, marmeladenartige Konsistenz hat und sich keine Flüssigkeit mehr am Topfboden sammelt, wenn man mit dem Löffel durch die Sauce fährt. Im Gegensatz zum Chutney ist die Kochzeit beim Relish nicht so lange, und es bleibt flüssiger.

Heiß in Gläser füllen

Anschließend werden Chutneys und Relishes kochend heiß in saubere, heiß ausgespülte Gläser gegeben, und zwar so, dass die Gläser bis kurz unter den Rand gefüllt sind. Dabei das Glas mehrmals vorsichtig auf die Stellfläche klopfen oder das Chutney mit einer sauberen Gabel durchrühren, damit eventuell entstehende Luftblasen entweichen. Man wischt den Glasrand noch einmal kurz mit einem sauberen Tuch ab, verschließt die Gläser am besten mit einem Schraubdeckel und stellt sie für etwa fünf Minuten auf den Kopf.

TIPP

Verwenden Sie für Chutneys und Relishes kleinere Gläser, zum Beispiel mit 1/8 bis 1/4 Liter Inhalt. Sie werden schneller leer, und man kann immer mal wieder eine neue Sauce essen.

Geschmack und Aroma brauchen ihre Zeit

Leider ist es unmöglich, den Geschmack des Chutneys oder des Relishes während der Zubereitung zu testen. Denn das typische Aroma und der Geschmack entwickeln sich erst während der langen Garzeit und vor allem während der Lagerung. Wer eine Vorahnung auf das Geschmackserlebnis erhalten möchte, kann ein wenig der Sauce vor dem Abfüllen in die Gläser beiseite nehmen und nach dem Erkalten probieren. Am besten ist es jedoch, ihr Chutney oder Relish etwa vier bis sechs Wochen ruhen zu lassen und erst dann zu öffnen. „Rezeptkorrekturen", die auf Grund von persönlichen Geschmacksvorlieben gewünscht werden, zum Beispiel mehr Chili oder weniger Pfeffer, können natürlich erst bei der nächsten Zubereitung berücksichtigt werden.

Chutneys und Relishes entwickeln ihren Geschmack erst nach etwa vier bis sechs Wochen. Korrekturen sind erst bei der nächsten Zubereitung möglich.

Die richtige Lagerung

Voraussetzung für die Lagerung von Chutneys und Relishes sind ein kühler, dunkler, trockener Raum wie zum Beispiel eine kalte Speisekammer oder ein kalter Keller. Wer diese Möglichkeiten nicht hat, sollte immer nur kleine Mengen zubereiten und diese im Kühlschrank aufheben. Chutneys sind unter guten Lagerbedingungen sechs bis zwölf Monate haltbar, Relishes etwa drei Monate. Ist ein Glas einmal angebrochen, muss man es in den Kühlschrank stellen und innerhalb von zwei Wochen verbrauchen.

Was tun, wenn der Schimmel kommt?

Hat sich beim Öffnen des Glases auf dem Chutney oder dem Relish Schimmel gebildet, so muss leider der Inhalt des gesamten Glases weggeworfen werden. Ein Grund kann sein, dass die Sauce nicht lange genug gekocht wurde, die Gläser nicht richtig sauber waren oder zu wenig Essig oder zu wenig Zucker verwendet wurde.

Ein Chutney oder Relish für jeden Geschmack

Manche der Rezepte, die nun folgen, sind scharf, andere wiederum mild, viele davon ausgesprochen fruchtig. Zu welchen Speisen sie kombiniert werden, hängt viel vom persönlichen Geschmack ab; Vorschläge zu machen, ist deshalb äußerst schwierig. Die milderen Sorten passen beispielsweise zu Reisgerichten und zartem Hähnchen- oder Putenfleisch, die kräftigen Sorten behaupten sich auch neben gewürztem Grillfleisch oder einem etwas salzigeren Schinkenbraten.

Sauberes Arbeiten und einwandfreie Ausgangsware bewahren vor unliebsamen Überraschungen.

Rezepte

Kürbis-Minz-Chutney

scharf

1200 g Gartenkürbis
400 g Äpfel
200 g Zucker
300 ml Weißweinessig
1 gestrichener Tl Salz
1 Prise frisch gemahlener Koriander
4 kleine getrocknete Chilischoten
6 Zweige frische Pfefferminze

1. Den Kürbis schälen und die Kerne herausschaben. Das Fruchtfleisch in etwa 1 cm große Würfel schneiden.

2. Die Äpfel ebenfalls schälen, Kerngehäuse entfernen und das Fruchtfleisch in kleine Würfel schneiden.

3. Kürbis- und Apfelstücke in einen Topf geben. Den Zucker, den Weißweinessig und das Salz dazugeben. Das Ganze kräftig mit frisch gemahlenem Koriander würzen. Die Chilischoten leicht zerbröseln und zu den Chutneyzutaten geben.

4. Alles bei geringer Hitzezufuhr köcheln lassen. Dabei schmilzt der Zucker und die Kürbis- und Apfelstücke zerfallen. Alles so lange kochen lassen, bis das Chutney eine marmeladenartige Konsistenz hat.

5. Am Ende der Garzeit die Pfefferminze waschen, die Blättchen von den Stielen zupfen und klein schneiden. Die Minze unter das Chutney rühren, alles noch einmal kurz durchkochen.

6. Das Chutney kochend heiß in saubere Gläser füllen. Diese mit Twist-off-Deckeln verschließen und für 5 Minuten auf den Kopf stellen.

TIPP

Das Chutney ist recht scharf. Doch keine Angst, die Schärfe wird durch die Pfefferminze etwas gemildert und abgerundet. Gaumen, die sehr empfindlich gegen Schärfe sind, sollten jedoch die Chilimenge halbieren. Anstelle der getrockneten Chilischoten kann man natürlich auch frische Schoten nehmen. Da hierzulande meist nur die größeren Chilischoten frisch angeboten werden, genügen dann jedoch ein bis zwei Stück.

Wer bereits Pfefferminzessig (siehe Seite 85) angesetzt hat, kann diesen nehmen. Der scharf-minzige Geschmack des Chutney wird dann noch mehr betont.

Apfelchutney

mild

750 g herbe Äpfel
150 g Trockenobst (Birnen, Äpfel, Aprikosen, Pflaumen)
1 mittelgroße Zwiebel
1 El Sonnenblumenöl
150 g Zucker
100 ml Weinessig
1 ½ Tl Salz
1 Tl Kreuzkümmel
1 Prise gemahlener Piment
3 Tl scharfes Currypulver

1. Die Äpfel schälen und in kleine Stücke schneiden. Das Trockenobst fein würfeln. Die Zwiebel schälen und ebenfalls fein würfeln.

2. Das Sonnenblumenöl erhitzen, die Zwiebel darin glasig dünsten. Die Äpfel und das Trockenobst dazugeben und kurz andünsten.

3. Zucker, Weinessig und die Gewürze zu Obst und Zwiebeln geben und unter kräftigem Rühren aufkochen lassen. Dann das Chutney bei geringer Hitzezufuhr köcheln lassen, bis es eine marmeladenartige Konsistenz hat.

4. Das Chutney noch einmal abschmecken und kochend heiß in Gläser füllen. Diese mit Twist-off-Deckeln verschließen und für 5 Minuten auf den Kopf stellen.

TIPP

Das Apfelchutney passt ausgesprochen gut zu Innereien, wie gebratener Leber oder Niere.

Kürbisrelish mit Kardamom

mild, würzig

2 große Zwiebeln
2 Knoblauchzehen
900 g Kürbisfleisch (Gartenkürbis)
3 cm frische Ingwerknolle
2 El Öl
200 ml Weißweinessig
200 ml Apfelsaft
80 g Zucker
2 gestrichene Tl Salz
2 Tl Kardamom (ganze Schoten)
2 kleine getrocknete Chilischoten

1. Die Zwiebeln und die Knoblauchzehen schälen, dann in kleine Würfel schneiden.

2. Das Kürbisfleisch ebenfalls in kleine Würfel schneiden. Den Ingwer schälen und fein hacken.

3. Zwiebeln und Knoblauch im heißen Öl andünsten. Dann den Kürbis und den Ingwer hinzugeben und ebenfalls kurz andünsten.

4. Essig, Apfelsaft, Zucker und Salz dazugeben. Den Kardamom und die getrockneten Chilischoten im Mörser etwas zerstoßen und dann zu den restlichen Zutaten geben.

5. Das Relish bei geringer Hitzezufuhr etwa 40 Minuten kochen lassen, der Kürbis sollte dann weich, schon etwas zerfallen, aber noch nicht breiig sein.

6. Das Relish kochend heiß in saubere Gläser füllen, diese mit Twist-off-Deckeln verschließen und die Gläser für 5 Minuten auf den Kopf stellen.

Kürbis-Ananas-Chutney

fruchtig, mit ausgeprägter Currynote

850 g Kürbisfleisch (Gartenkürbis)
½ Ananas (ca. 350 g)
30 g frische Ingwerwurzel
1 Prise frisch gemahlener Koriander
1 Sternanis
1 gestrichener El Currypulver
250 ml Weißweinessig
100 g Zucker
1 Tl Salz

1. Den Kürbis und die Ananas schälen und klein schneiden. Den Ingwer schälen und fein hacken.

2. Kürbis, Ananas und Ingwer zusammen in einen Topf geben Das Ganze mit reichlich Koriander würzen.

3. Sternanis, Currypulver, Essig, Zucker und Salz dazugeben und das Chutney bei geringer Hitzezufuhr kochen lassen, bis es eine marmeladenartige Konsistenz aufweist.

4. Das Chutney noch einmal abschmecken, dann kochend heiß in saubere Gläser füllen. Die Gläser mit Twist-off-Deckeln verschließen und für 5 Minuten auf den Kopf stellen.

TIPP

In der Hauptsaison von Früchten und Beeren, und vor allem in jenen Haushalten mit eigenem Garten, fallen oft größere Mengen an Obst an. Dann ist es kein Problem, die Rezeptmengen entsprechend zu vervielfachen.

Quittenchutney

mild

700 g Quitten
250 g Äpfel
230 ml Weißweinessig
200 g Zucker
1 Tl Pimentkörner
½ Tl Gewürznelken
1 Tl Anissamen
etwas Salz

1. Die Quitten mit einem sauberen Tuch gut abreiben und vom Flaum befreien. Anschließend schälen, achteln und das Kerngehäuse entfernen. Die Quittenachtel in kleine Stücke schneiden.

2. Die Äpfel ebenfalls schälen, klein schneiden und dabei das Kerngehäuse entfernen.

3. Quitten- und Apfelstücke in einen Topf geben. Etwa 200 ml Essig und den Zucker dazugeben.

4. Die Gewürze in einem Mörser grob zerstoßen und zu den Quitten und Äpfeln in den Topf geben.

5. Das Ganze bei geringer Hitzezufuhr köcheln lassen, bis die Quitten und die Äpfel zerfallen sind und das Chutney eine marmeladenartige Konsistenz hat

6. Das Chutney eventuell mit etwas Salz abschmecken, noch einmal kurz aufkochen lassen. Den restlichen Essig darunter rühren.

7. Das Chutney kochend heiß in saubere Gläser füllen. Diese mit einem Twist-off-Deckel verschließen und für 5 Minuten auf den Kopf stellen.

TIPP

Anstelle des Salbeis kann man das Pfirsich-Salbei-Relish auch mit Thymian würzen.

Es lohnt sich, das Pfirsich-Salbei-Relish mit den etwas säuerlichen einheimischen Pfirsichen zuzubereiten, sie eignen sich durch ihr herbes Aroma besonders gut.

Pfirsich-Salbei-Relish

fruchtig

1 kg Pfirsiche
300 g Zwiebeln
400 g Zucker
700 ml Weißweinessig
1 El Korianderkörner
½ Tl Salz
2 Zweige frischer Salbei

1. Die Pfirsiche einige Minuten in einen Topf mit heißem Wasser geben. Dann die Früchte herausnehmen und die Haut abziehen.

2. Das Fruchtfleisch vom Kern lösen und in kleine Stücke schneiden. Die Zwiebeln schälen und in nicht zu kleine Stücke schneiden.

3. Pfirsich- und Zwiebelstücke in einen Topf geben. Den Zucker, den Weißweinessig, den Koriander und das Salz dazugeben.

4. Das Ganze bei mittlerer Hitzezufuhr kochen, dabei die Flüssigkeit langsam verdampfen lassen. Wenn das Relish beginnt, einzudicken, es ständig rühren, sonst hängt es leicht am Topfboden fest und könnte verbrennen.

5. Während das Relish köchelt, den Salbei waschen und trockentupfen. Die Blättchen von den Stielen zupfen und in feine Streifen schneiden.

6. Sind Pfirsiche und Zwiebeln weich und die Zutaten zu einer dicklichen, aber noch stückigen Sauce verkocht, die Salbeistreifen unterrühren.

7. Das Relish noch einmal kurz aufkochen lassen, dann kochend heiß in saubere Gläser füllen. Die Gläser mit Twist-off-Deckeln verschließen und für 5 Minuten auf den Kopf stellen.

Cranberry-Kiwi-Chutney

mild, fruchtig

340 g frische Cranberrys (1 Paket)
2 Kiwis (ca. 120 g)
1 mittelgroße Zwiebel
350 g Zucker
250 ml Apfelessig
frisch gemahlener Pfeffer
1 unbehandelte Orange
1 Zimtstange

1. Die Cranberrys waschen, abtropfen lassen und in einen Topf geben.

2. Die Kiwis schälen, vierteln und quer in dickere Stücke schneiden. Die Zwiebel schälen und sehr fein hacken.

3. Kiwistücke und Zwiebelwürfelchen zu den Cranberrys geben. Den Zucker und den Essig dazugeben. Reichlich Pfeffer frisch aus der Mühle darüber mahlen. Alles gut mischen.

4. Die Orange waschen und mit einem Zestenreißer die Schale in feinen Fäden abziehen. Hat man keinen Zestenreißer, so wird die Orangenschale dünn (ohne die weiße Haut) abgeschnitten und anschließend in sehr feine Streifen geschnitten.

TIPP

Cranberrys kommen aus Nordamerika und sind mit den heimischen Preiselbeeren verwandt. Anstelle der größeren Cranberrys kann man natürlich auch Preiselbeeren für dieses Chutney nehmen.

5. Die Orangenschale und die halbierte Zimtstange zu den Früchten in den Topf geben.

6. Das Ganze bei geringer Hitzezufuhr so lange kochen lassen, bis das Chutney eine marmeladenartige Konsistenz hat. Dabei mehrmals umrühren. Dies ist vor allem am Ende der Garzeit wichtig, weil das Chutney leicht am Topfboden hängen bleiben kann.

7. Das Chutney noch heiß in saubere Gläser füllen. Diese mit einem Twist-off-Deckel gut verschließen und für 5 Minuten auf den Kopf stellen.

TIPP

Cranberry-Kiwi-Chutney passt ganz besonders gut zu Wildgerichten, aber auch zu Reisgerichten oder als Brotaufstrich.

Holunderchutney

mild, fruchtig

300 ml Holundernektar oder Holundersaft
200 ml Rotweinessig
2 Schalotten
1 kleines Stück Ingwer (ca. 10 g)
3 Zweige Thymian
½ Tl Salz
frisch gemahlener Pfeffer
250 g Gelierzucker Extra

1. Den Holundernektar oder -saft und den Essig in einen Topf geben.

2. Die Schalotten sehr fein hacken und zu der Flüssigkeit geben. Den Ingwer schälen, fein reiben und ebenfalls in den Topf geben.

3. Das Ganze auf kleiner Hitze etwa 15 Minuten köcheln lassen, die Schalotten sollten danach weich sein.

4. Den Thymian waschen, trockentupfen und die Blättchen von den Stielen zupfen. Die Thymianblättchen, das Salz und den Pfeffer zu der Flüssigkeit geben.

5. Den Gelierzucker in die Flüssigkeit rühren, alles gut vermischen. Dann unter ständigem Rühren zum Kochen bringen und 1 Minute unter ständigem Rühren sprudelnd kochen (auf die Uhr sehen).

6. Das Chutney in saubere Gläser füllen und sie mit Twist-off-Deckeln oder Einmachfolie gut verschließen.

TIPP

Den Gelierzucker immer nach Packungsanleitung verwenden. Gelierzucker Extra ist ein Zucker, von dem nur die Hälfte der sonst benötigten Zuckermenge zum Gelieren gebraucht wird. Das fruchtige Aroma des Holunders bleibt auf Grund der kurzen Kochzeit gut erhalten.

VARIATION

Wer im Herbst frischen Holunder pflücken kann, muss ihn entsaften und dann das Chutney kochen. Man kann aber auch die Holunderbeeren selbst nehmen, sollte in diesem Fall aber normalen Zucker verwenden und das Ganze entsprechend lange bei geringer Hitzezufuhr kochen, bis ein marmeladenartiges, zähflüssiges Chutney entstanden ist.

Birnen-Zwiebel-Relish

fruchtig, scharf

1 kg Birnen
300 g Schalotten
400 ml Weißweinessig
300 g Zucker
2 Tl Kardamomschoten
2 Tl grüne Pfefferkörner, getrocknet
1 Tl Salz
100 g Sultaninen

1. Die Birnen waschen, schälen, vierteln und das Kerngehäuse entfernen. Die Birnenviertel in kleine Stücke schneiden.

2. Die Schalotten schälen und ebenfalls in kleine Stücke schneiden.

VARIATION

Wer Rosinen nicht mag, kann dieses Relish auch ohne Trockenfrüchte zubereiten.

3. Birnen- und Schalottenstücke in einen Topf geben und den Essig sowie den Zucker dazugeben.

4. Den Kardamom und den Pfeffer in einem Mörser grob zerstoßen. Dann diese Gewürze zusammen mit dem Salz und den Sultaninen zu den restlichen Zutaten im Topf geben.

5. Alles bei mittlerer Hitzezufuhr köcheln lassen, bis die Birnen und die Zwiebeln weich, aber noch nicht zerfallen sind. Das dauert etwa 30 Minuten, hängt aber von der Birnensorte ab.

6. Das Relish in saubere Gläser füllen. Sie mit einem Twist-off-Deckel gut verschließen und für 5 Minuten auf den Kopf stellen.

Ananas-Lauch-Relish

fruchtig-scharf, mit ausgeprägter Currynote

350 g Lauch
1 reife Ananas (ca. 1 kg)
5 El Kokosflocken
450 ml Apfelessig
400 g Zucker
2 Tl Pimentkörner
8 kleine getrocknete Chilischoten
2 Sternanis
2 Tl Currypulver

TIPP

Dieses Relish schmeckt auf den ersten Biss fruchtig-süß durch die Ananas, erst danach kommt die Schärfe zum Vorschein. Wer lieber nicht so scharf isst, nimmt nur zwei bis drei Chilischoten.

1. Vom Lauch die äußeren Hüllblätter entfernen. Anschließend die Lauchstange mit einem Messer aufschneiden und gründlich waschen.

2. Den Lauch quer in feine Streifen schneiden.

3. Die Ananas schälen, achteln, den harten Strunk entfernen und das Fruchtfleisch in kleine Stücke schneiden.

4. Lauchstreifen und Ananasstücke in einen Topf geben. Die Kokosflocken, den Essig und den Zucker dazugeben, alles vermengen.

5. Die Pimentkörner und die Chilischoten in einem Mörser grob zerstoßen. Piment, Chili, Sternanis und Currypulver zu den restlichen Zutaten im Topf geben.

6. Das Ganze bei mittlerer Hitzezufuhr etwa 20 Minuten kochen lassen, dabei dickt das Relish ein, die Früchte bleiben aber noch stückig.

7. Das Relish noch heiß in saubere Gläser füllen, diese mit einem Twist-off-Deckel gut verschließen und für 5 Minuten auf den Kopf stellen.

Rhabarberchutney mit Vanille

mild

750 g Rhabarber (geputzt)
2 Zwiebeln
1 großes Stück Ingwer (30 bis 40 g)
1 rote Paprikaschote
½ Vanillestange
1 Tl Salz
300 g Zucker
250 ml Weißweinessig
frisch gemahlener Pfeffer

1. Den Rhabarber putzen, waschen und in etwa 1 cm dicke Stücke schneiden. Danach wiegen, es sollten etwa 750 g sein.

2. Die Zwiebeln schälen und fein hacken. Den Ingwer ebenfalls schälen und in kleine Stücke schneiden.

3. Die Paprikaschote waschen, halbieren, das Kerngehäuse und die Trennwände entfernen. Die Schotenhälften in sehr kleine Stücke schneiden.

4. Rhabarber, Zwiebeln, Ingwer und Paprikaschoten in einen Topf geben.

5. Die Vanillestange aufschneiden, das Mark herauskratzen und in den Topf geben. Die Stange selbst anschließend in ganz feine Scheiben schneiden und ebenfalls in den Topf geben.

6. Salz, Zucker, Essig und reichlich frisch gemahlenen Pfeffer zu den restlichen Chutneyzutaten hinzufügen.

7. Alles bei geringer Hitzezufuhr köcheln lassen, dabei ständig rühren, bis das Chutney eine cremige, marmeladenartige Konsistenz hat.

8. Das Chutney in saubere Gläser füllen, diese mit einem Twist-off-Deckel gut verschließen und die Gläser für 5 Minuten auf den Kopf stellen.

TIPP

Anfangs ist das Chutney noch recht flüssig; wenn der Rhabarber aber zerfällt und das Chutney eindickt, brennt es leicht an. Deshalb ist es wichtig, immer gut zu rühren.

Johannisbeer-Kumquat-Chutney

mild

400 g frische oder tiefgekühlte rote Johannisbeeren
200 g Kumquats
30 g frischer Ingwer
1 Tl Gewürznelken
½ Tl Salz
frisch gemahlener Pfeffer
300 g Zucker
150 g Weißweinessig

1. Die Johannisbeeren waschen, von den Rispen zupfen und in einen Topf geben. (Tiefkühlbeeren auftauen lassen.)

2. Die Kumquats gründlich mit warmem Wasser waschen, anschließend trocknen. Die Früchte halbieren und die Kerne mit einem Messer herausholen. Dann die Kumquats in dünne Scheiben schneiden und zu den Johannisbeeren geben.

3. Den Ingwer schälen und in sehr kleine Stücke schneiden. Die Nelken im Mörser grob zerstoßen.

4. Ingwer, Nelken, Salz, Pfeffer, Zucker und Essig zu den Kumquats und den Johannisbeeren geben. Alles bei mittlerer Hitzezufuhr köcheln lassen, bis das Chutney eine dicke, marmeladenartige Konsistenz aufweist.

5. Das Chutney in saubere Gläser füllen. Diese mit einem Twist-off-Deckel gut verschließen und für 5 Minuten auf den Kopf stellen.

TIPP

Sehr gut schmeckt das Chutney auch mit Thymianblättchen, die man kurz vor Ende der Garzeit unter das kochende Chutney rührt.

Kumquats sind orangenartige Früchte, die aber nur so groß wie eine Pflaume sind. Die Schale ist dünn und kann mit dem schwach bitteren Fruchtfleisch zusammen gegessen werden.

VARIATION

Anstelle der Kumquats kann man auch das Fruchtfleisch und die Schale einer unbehandelten Orange nehmen. In diesem Fall muss man die Schale der Orange dünn abschneiden und dann in feine Streifen schneiden. Die weiße innere Schalenhaut wird entfernt, sie schmeckt zu bitter. Das Fruchtfleisch der Orange schneidet man klein und gibt es zu den Johannisbeeren.

Scharfes Rhabarberchutney

scharf

500 g Rhabarber (geputzt)
1 große Stange Lauch
2 Knoblauchzehen
1 El Öl
1 kleine getrocknete Chilischote
250 ml Weißweinessig
200 g Zucker
1 El scharfes Currypulver
frisch gemahlener schwarzer Pfeffer

1. Den Rhabarber putzen, waschen und in etwa 1 cm dicke Stücke schneiden. Danach wiegen, es sollten etwa 500 g sein.

2. Den Lauch putzen, halbieren, waschen und in dünne Streifen schneiden.

3. Die Knoblauchzehen schälen und fein hacken.

4. Das Öl erhitzen, den Lauch, den Knoblauch und die zerbröselten Chilischote darin glasig dünsten.

5. Den Rhabarber dazugeben. Den Essig, den Zucker und das Currypulver zu dem Gemüse geben und alles bei kleiner Hitzezufuhr köcheln lassen, bis das Chutney eine marmeladenartige Konsistenz hat. Dabei ständig rühren.

6. Das Chutney mit reichlich Pfeffer würzen, in saubere Gläser füllen, diese mit einem Twist-off-Deckel gut verschließen und die Gläser für 5 Minuten auf den Kopf stellen.

Mango-Minze-Chutney

fruchtig, mild

1 große Mango (ca. 350 g Fruchtfleisch)
2 Kiwis
1 mittelgroße Zwiebel
200 g Zucker
150 ml Weißweinessig
reichlich frisch gemahlener schwarzer Pfeffer
1/2 Tl Salz
1 Hand voll Pfefferminzblätter

Die milde Mangofrucht bildet eine exzellente Chutney-Grundlage und lässt sich durch die verschiedensten Gewürzzutaten immer wieder neu kombinieren.

1. Das Fruchtfleisch der Mango beidseitig des Kernes abschneiden und die Hälften schälen. Das Fruchtfleisch in kleine Würfel schneiden.

2. Die Kiwis schälen, achteln und in dünne Stücke schneiden. Die Zwiebel schälen und fein würfeln.

3. Die Mango- und Kiwistücke, die Zwiebeln, den Zucker und den Essig in einen Topf geben und mit reichlich Pfeffer und dem Salz würzen.

4. Alles bei mittlerer Hitzezufuhr etwa 40 Minuten köcheln, bis die Mangos weich sind und das Chutney eine marmeladenartige Konsistenz hat.

5. Die Pfefferminzblättchen waschen und mit Küchenkrepp trockentupfen. Anschließend in feine Streifen schneiden. Die Pfefferminze unter das Chutney rühren und dieses noch einmal kurz durchkochen lassen.

6. Das Chutney noch heiß in saubere Gläser füllen. Diese mit einem Twist-off-Deckel gut verschließen und für 5 Minuten auf den Kopf stellen.

Mango-Meerrettich-Relish

fruchtig

1 große Mango (ca. 350 g Fruchtfleisch)
1 gelbe Paprikaschote
2 mittelgroße Zwiebeln
1 Tl Curry
1/2 Tl Kreuzkümmel
1/2 Tl Salz
150 g Zucker
150 ml Weißweinessig
60 g frischer Meerrettich

1. Die Mango schälen und das Fruchtfleisch beidseitig des Kernes abschneiden. Das restliche Fruchtfleisch vom Kern schneiden und alles in kleine Würfel schneiden.

VERWENDUNG

Das fruchtige, leicht scharfe Mango-Meerrettich-Relish passt sehr gut zu Fisch und auch zu Geflügel.

2. Die Paprikaschote waschen, entkernen und in winzig kleine Würfel schneiden. Die Zwiebeln schälen und fein hacken.

3. Mango, Paprikaschote, Zwiebeln und Gewürze in einen Topf geben. Den Zucker und den Essig dazugeben und alles bei mittlerer Hitzezufuhr köcheln lassen, bis die Zutaten weich sind und das Relish eingekocht ist.

4. Den Meerrettich schälen und auf einer Rohkostreibe fein raspeln. Den Meerrettich unter das Relish rühren. Dieses noch mal kurz aufkochen und in saubere Gläser füllen.

5. Die Gläser mit einem Twist-off-Deckel gut verschließen und für 5 Minuten auf den Kopf stellen.

TIPP

Nachdem der Meerrettich dazugegeben wurde, darf das Relish nicht mehr lange kochen, sonst verliert der Meerrettich zu viel Schärfe.

Kiwi-Mango-Chutney

mild

3 Kiwis
1 große Mango (ca. 350 g Fruchtfleisch)
1 große Paprikaschote (ca. 250 g)
1 Zwiebel
1 kleines Stück Ingwer (ca. 10 g)
1 frische Chilischote
200 g Zucker
300 ml Weißweinessig
reichlich frisch gemahlener Pfeffer
½ Tl Salz
reichlich frisch gemahlener Koriander

1. Die Kiwis schälen und vierteln. Das Fruchtfleisch der Mango beidseitig des Kernes abschneiden und die Hälften schälen. Das restliche Fruchtfleisch schälen, vom Kern schneiden und alles in große Würfel schneiden.

Kiwi-Mango-Chutney harmoniert bestens mit weißem Fleisch oder Fisch. Die besondere Note erhält es durch den frisch gemahlenen Koriander.

2. Die Paprikaschote waschen, vierteln und das Kerngehäuse sowie die Trennwände herausschneiden. Die Zwiebel schälen und vierteln.

3. Den Ingwer schälen. Mangostücke, Kiwis, Paprikaschotenviertel, die Zwiebel und den Ingwer in eine Küchenmaschine geben und alles grob zerhacken.

4. Die Chilischote waschen, längs aufschneiden, Samen und Trennwände entfernen. Die Hälften in feine Streifen schneiden.

5. Die grob gehackte Gemüse-Frucht-Mischung in einen Topf geben. Den Zucker, 270 ml Essig und die Chilischote dazugeben. Alles vorsichtig miteinander vermengen und mit Pfeffer, Salz und Koriander würzen.

6. Das Chutney bei geringer Hitzezufuhr einkochen, bis es eine marmeladenartige Konsistenz hat.

7. Den restlichen Essig unter das Chutney rühren. Das Chutney in saubere Gläser füllen. Diese mit einem Twist-off-Deckel gut verschließen und für 5 Minuten auf den Kopf stellen.

Kaum eine andere Frucht wird mit dem Begriff Chutney so sehr verbunden wie die Mango. Lassen Sie sich durch die Rezeptvorschläge zu eigenen Kreationen verführen.

Mango-Apfel-Chutney

fruchtig

2 große Mangos (ca. 700 g Fruchtfleisch)
1 große Zwiebel
1 mittelgroßer Apfel
1 Knoblauchzehe
2 cm frische Ingwerknolle
2 El Öl
3 geschälte Tomaten oder ½ kleine Dose
100 g Zucker
½ Tl Sambal Oelek
1 Tl Salz
1 El Senfkörner
4 El Weißweinessig
1 Msp. Safranpulver
1 Tl indische Gewürzmischung

1. Die Mangos schälen, das Fruchtfleisch vom Kern schneiden und grob würfeln. Die Zwiebel schälen und in kleine Würfel schneiden.

2. Den Apfel schälen, das Kerngehäuse entfernen und das Fruchtfleisch klein schneiden.

3. Die Knoblauchzehe und den Ingwer schälen und beides sehr fein hacken.

4. Die Zwiebeln in Öl glasig dünsten, dann die Apfelwürfel dazugeben und ebenfalls unter stetem Rühren glasig dünsten.

5. Die Mango, die Tomaten, den Knoblauch und den Zucker dazugeben und alles mit Sambal Oelek und Salz würzen.

6. Ingwer und Senfkörner dazugeben und das Chutney so lange bei geringer Hitze köcheln lassen, bis es eine marmeladenartige Konsistenz hat.

7. Den Essig sorgfältig unterrühren und das Chutney mit Safran und indischem Gewürzpulver pikant abschmecken.

8. Das Chutney in saubere Gläser füllen. Diese gut verschließen und noch heiß für 5 Minuten auf den Kopf stellen.

Brombeer-Schalotten-Relish

fruchtig, würzig

250 g Schalotten
500 g frische oder tiefgekühlte Brombeeren
2 El Öl
250 g Zucker
300 ml Apfelessig
reichlich frisch gemahlener schwarzer Pfeffer
1 Tl Kreuzkümmel
1 Tl gemahlener Zimt
1 Bund Basilikum oder
1 Päckchen Tiefkühl-Basilikum

1. Die Schalotten schälen und sehr fein hacken. Die Brombeeren verlesen und kurz abbrausen. (Tiefkühl-Brombeeren auftauen lassen.)

2. Das Öl erhitzen. Die Schalotten in dem Öl glasig dünsten. Dann die Brombeeren, den Zucker und 250 ml Apfelessig dazugeben.

3. Alles mit Pfeffer, Kreuzkümmel und Zimt würzen und bei geringer Hitzezufuhr so lange kochen lassen, bis das Ganze dicklich ist.

4. Das Basilikum waschen und fein hacken. Unter das Relish rühren und dieses noch einmal kurz erhitzen. Den restlichen Eessig unterrühren.

5. Das Relish in saubere Gläser füllen. Diese mit einem Twist-off-Deckel gut verschließen und für 5 Minuten auf den Kopf stellen.

Das fruchtige und würzige Brombeer-Schalotten-Relish ist ein delikater Begleiter exquisiter Wildgerichte. Es passt aber ebenso gut zu zu Geflügelmenüs.

Tomatenketchup

fruchtig, leicht süß

- 200 g Zwiebeln
- 2 Knoblauchzehen
- 2 gelbe oder rote Paprikaschoten
- 1 kg Tomaten
- 75 g Zucker
- 125 ml Weißweinessig
- 1 El Meersalz
- reichlich frisch gemahlener schwarzer Pfeffer
- 1 Tl Senfpulver
- 25 g Basilikum (frisch oder tiefgekühlt)

1. Die Zwiebeln und die Knoblauchzehen schälen. Die Paprikaschoten waschen, halbieren und das Kerngehäuse entfernen. Die Tomaten waschen.
2. Zwiebeln und Paprikaschoten in große Stücke schneiden. Die Tomaten achteln, dabei den grünen Stielansatz herausschneiden.
3. Den Zucker zusammen mit 2 Esslöffel Wasser in einen großen Topf geben und bei mittlerer Hitzezufuhr karamellisieren lassen. Den Karamell mit 100 ml Essig ablöschen.
4. Das Gemüse, die Gewürze und das fein gehackte Basilikum hinzufügen und gut vermengen
5. Alles bei kleiner Hitzezufuhr etwa 30 Minuten köcheln lassen. Dabei mehrmals umrühren.
6. Das Gemüse mitsamt der Flüssigkeit durch eine Flotte Lotte oder ein Sieb in einen hohen großen Topf passieren.
7. Den Ketchup bei mittlerer Hitzezufuhr einkochen lassen, bis es sämig und dickflüssig ist. Dabei häufig rühren. Zum Schluss den restlichen Essig darunter rühren.
8. Den Ketchup in saubere Gläser füllen. Diese mit Twist-off-Deckeln gut verschließen und für 5 Minuten auf den Kopf stellen.

TIPPS

Der Ketchup spritzt beim Einkochen sehr, deshalb sollte man einen hohen Topf nehmen und diesen mit einem Spritzschutz abdecken.

Unabdingbar für das Gelingen sind vollreife, aromatische Tomaten. Sonst lohnt sich all die Mühe nicht.

Man sollte den Ketchup im Kühlschrank aufbewahren. Ungeöffnet hält er sich ca. drei Monate.

Leider ist die Ausbeute bedingt durch das Einkochen gering. Die oben angegebene Menge ergibt 500 bis 600 Milliliter

Bezugsquellen für Essigbakterien

Paul Arauner GmbH & Co. KG
Postfach 349
97306 Kitzingen

Staatliche Lehr- und Versuchsanstalt für Landwirtschaft und Weinbau
Rüdesheimerstr. 68
55545 Bad Kreuznach
Tel. 0671-820239
Es erfolgt kein Versand. Die Essigbakterien-Starterkulturen können nur selbst abgeholt werden und müssen ein paar Tage im Voraus telefonisch bestellt werden.

Friedrich Sauer
Weinhefezuchtanstalt GmbH & Co.
VIERKA-Erzeugnisse
Lager Königshofen
Postfach 1328
97628 Bad Königshofen

Schweizerische Vereinigung für Obst- und Traubenverarbeitung (SVOT)
Meiholzstrasse 9
CH-8913 Ottenbach

Rosemie Strobel-Schulze
Hintergasse 4
65232 Taunusstein-Orlen

Literaturverzeichnis

Angerstein, Joachim H.:
Die Essig-Hausapotheke,
Augsburg 1997

Apicius, Marcus Gavius:
Über die Kochkunst,
Stuttgart 1991,
hrsg. von Maier, Robert

Auswertungs- und Informationsdienst für Ernährung, Landwirtschaft und Forsten e.V.:
Haltbarmachen von Lebensmitteln, *Bonn 1994*

Cavazzuti, Vittorio:
Aceto balsamico,
München 1995

Clauss, Stephan:
Essig, *München 1996*
Aus dem Französischen des Ministers Chaptal und Parmentier:
Der wohlunterrichtete Essigbrauer oder die Kunst aller Art einfache sowie auch aus Kräutern und Blumen bereitete Essige zu verfertigen, *1804*

Franke, Wolfgang:
Nutzpflanzenkunde,
Stuttgart 1985

Godard, Misette:
Le Goût de l'aigre,
Paris 1991

Hassack, Paul:
Gärungsessig,
Wien und Leipzig 1904

Hellmiß, Margot:
Natürlich heilen mit Apfelessig,
München 1997

Javis, Deforest C.:
5 x 20 Jahre leben, *Bern 1991*

Langhans, E.; Schlotter, H.A.:
Wie stellt man Weinessig her?
Weinwirtschaft Technik (8) 1992, S. 16 - 18

Martens, Friedrich:
Zur Technologie und Geschichte des Essigs,
Esslingen am Neckar 1975 (hrsg. von Rich. Hengstenberg)

Moulin, Leo:
Augenlust & Tafelfreuden,
Steinhagen 1989

Pütz, Jean:
Das Hobbythek-Buch 7,
Köln 1982

Reed, G. (Hrsg.):
Biotechnology Volume 5,
Heidelberg 1983

Universallexikon der Kochkunst, *Leipzig 1897*

Wagner, Ant. Mich. (Hrsg):
Die Kunst des Essigmachens nach den bewährtesten Schriftstellern Chaptal, Parmentier und Hermbstädt,
Pesth 1816

Watzl, B., Leitzmann C:
Bioaktive Substanzen in Lebensmitteln, *Stuttgart 1995*

Wüstenfeld, H.:
Lehrbuch der Essigfabrikation, *Berlin 1930*

Ein herzliches Dankeschön ...

... an alle, die mich bei der Arbeit an diesem Buch unterstützt haben. Ganz besonders bedanken möchte ich mich bei meiner Kollegin Silvia Faller für den regen Gedankenaustausch und ihre Ratschläge, bei Günter Schulze-Arius für den Blick, den ich in die alten Bestände seiner Bibliothek werfen durfte, bei Rosi Althen von Rosi's Restaurant in Hünstetten und bei Rosemie Strobel-Schulze für ihre Kostproben und wertvollen Tipps, bei Frau Langhans und Frau Fischborn von der Staatlichen Lehr- und Versuchsanstalt für Landwirtschaft und Weinbau in Bad Kreuznach und bei Rainer Henn und der Fa. Ernst Gebhard in Sommerhausen am Main für die spannenden Einblicke in ganz unterschiedliche Produktionsmethoden.

Register

„Hausgemachte Köstlichkeiten", die neue Ratgeberreihe im Weltbild Buchverlag, richtet sich an alle, die Spaß am Selbermachen und Wert auf die natürliche, gesunde Verarbeitung und Haltbarmachung von Nahrungsmitteln legen. „Hausgemachte Köstlichkeiten" greift altbewährte Techniken auf kombiniert mit pfiffigen, modernen Rezepturen sowie einfachen, praxisnahen Anleitungen.
Die Reihe wird fortgesetzt.

Der Text des Buches folgt den neuen Regeln der deutschen Rechtschreibung.

Weltbild Buchverlag

Titelbild: P.+R. Studio, Helmut Peters, München
Umschlaggestaltung: Lydia Koch, Augsburg
Graphische Gestaltung, Satz und Herstellung: Peter Beckhaus, Grafik-Designer, Mainz
Producing, Bild- und Textredaktion: BOOKS & MORE, Monika Zilliken, Wiesbaden
Lithoarbeiten: Kaltner Media GmbH, Bobingen
Druck: Offizin Andersen Nexö, Leipzig

Bildnachweis
Archiv für Kunst und Geschichte, Berlin: S. 6, 8,11, 18, 24, 28;
FOOD ARCHIV, München: S. 31, 33, 35, 47, 48, 52, 81, 83, 87, 90, 91, 107, 117, 120, 128, 129, 133;
Heinrich Frings GmbH & Co KG, Bonn: S. 15, 17, 20, 21, 23, 71;
StockFood, München: /Klaus Arras: S. 39; /Gerhard Baumann: S. 96, 109; /Bruno Hausch: S. 42; / Harry Bischof: S. 134; /Studio Bonisoli: S. 84, 85; /Gerhard Büschel: S. 140; /Gerrit Buntrock: S. 124; / Cephas, Mick Rock: S. 41; /Walter Cimbal: S. 126; /Eising: S. 40, 54, 75, 79, 94, 101 (5), 103, 113, 118, 123, 136; /Bruno Hausch: S.42; /Rosenfeld Images LTD: S. 36, 46, 89, 92, 105, 108; /Michael Meisen: S. 106; /Bodo A. Schieren: S. 86; /Wolfgang Schwager: S. 33; / Maximilian Stock TD: S. 112, 131, 137, 143; /Martina Urban: S. 76; /Westermann: S. 115, 139; Zabert Sandmann Verl.: S. 111; Michael Woidich, Idstein: S. 55, 58, 59, 65, 67.

Printed in Germany

ISBN 3-89604-254-8